エジプト全図

[地名の表記は次のように分けています]
現在の名称
ギリシア語による名称
古代の名称

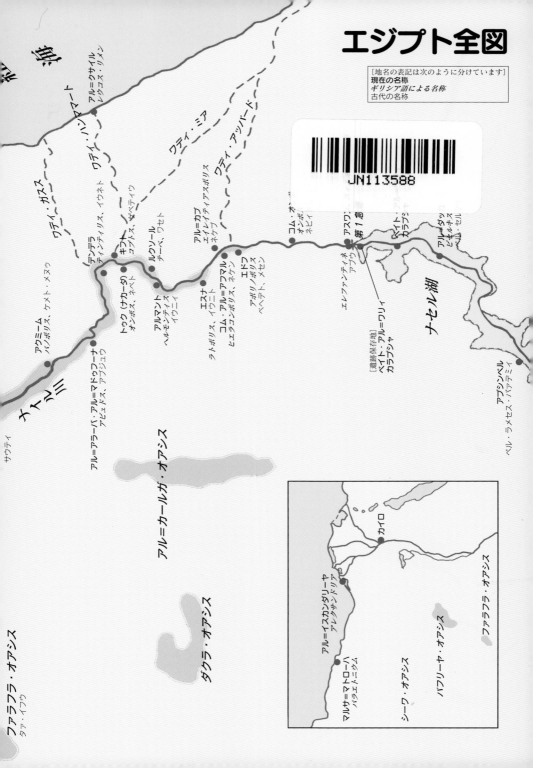

JN113588

ナイル川

紅海

ワディ・ガスス

ワディ・ハンママート

ワディ・ミア

ワディ・アッバード

アル＝クサイル
レウコス・リメン

ハルガーダ

デンデラ
ティンティリス、イウネト
ケン

キフト
コフトス、ゲベティウ

ルクソール
テーベ、ワセト

アル＝カブ
エイレイティアスポリス
ネケブ

コム・オンボ
オンボス
ネビイ

アスワン
第1巻

アブ・シンベル

トゥク（ナカーダ）
オンボス、ネブト

アルマント
ヘルモンティス
イウニィ

エスナ
ラトポリス、イウニト

コム・アル＝アフマル
ヒエラコンポリス、ネケン

エドフ
アポリノポリス
ベフデト、メセン

エレファンティネ
アブウ

[遺跡保存地]
ベイト・アル＝ワリィ
カラブシャ

アル＝ダッル
カラブシャ

ベル・ラメセス・バクアミティ

アブ・シンベル

ワゲミーム
パノポリス、ケメト・メヌウ

アブ＝アラーバ・アブ＝マドウフーナ
アビュドス、アブジュウ

ナセル湖

アッシュート

サウティ

ファラフラ・オアシス
タア・イフウ

アル＝カールガ・オアシス

ダクラ・オアシス

カイロ

アル＝イスカンダリーヤ
アレクサンドリア

マルサ＝マトローハ
パラエトニウム

シーワ・オアシス

バフリーヤ・オアシス

ファラフラ・オアシス

図説　古代エジプト誌

神々と旅する
冥界 来世へ
《前編》

ピラミッド・テキスト
コフィン・テキスト
死者の書 他

文・写真
松本　弥

弥呂久

もくじ

口開きの儀式
ミイラが納められた棺に向かって、2人の神官は、死者が話すこと、飲食することができるよう口開きの儀式を施しています。もうひとつの棺は母のもの？　死者の書第23章
新王国時代王国時代第19王朝、コンスの墓（ルクソール西岸）[TT 31]

はじめに

　「人は死ぬとどうなるのだろう」とは、人類が延々と問うてきたことです。近年、医学の進歩によって「人の死」は生物学的に説明されるようになってきてはいます。そうしたなかで「脳死」の段階で、臓器移植など死後の遺体を有効活用することが勧められる一面があり、それを受け入れられる人もいます。しかしいまだに、心臓が止まって息をしなくなるまでその人が死んだとは受け入れられず、亡くなった人は生前のままの姿で送りたいと、頑なに臓器移植を拒む人もいます。

　葬儀にしても、死者の関係者一同がそろって送る場合もあれば、親族だけで送る場合もあります。亡くなった人が好きだった食べ物、身の回りの物、思い出の品も添えてあの世に送りたいと思う人もいます。世界各地の博物館や展覧会で見る古代エジプト文化の展示物の多くが、当時の人びとが来世でも必要だと信じて納めていたものなのだと思ってご覧いただくと、その思いの深さに感じ入ってしまうのではないでしょうか。

　国や地域、民族の文化、宗教、教育などが、個々人の死についての考え方にさまざまに影響し、死者を「葬る」方法は多様なものになってきました。

マアト女神　右上2行目に「太陽神ラーの娘」とあります。　新王国時代第19王朝、前1260年頃、ネフェルタリ王妃墓（ルクソール西岸）

　死後のあり方も同様です。今日、死後の世界があると純粋に信じている人はどれだけいるでしょうか？　仏教文化の影響を強く受けた東アジアでは、死者は閻魔によって現世の行いの善悪の裁きを受けるという話が広く伝わっています。かつてこれは、この聖なるものの存在を信じさせて人の行動を制御し、社会の秩序を保とうとするものでもあったのでしょう。

　現世で悪事を働いていれば閻魔の裁

現世から地獄に墜ちる場面
アンコール・ワットは、アンコール王朝のスーリヤヴァルマン２世によって建立されたヒンドゥー教の寺院です。その第１回廊の南面の東側には、当時の人びとがイメージした天国（王や王の家族の天国への道）、現世（地上の王族や従者たち）、地獄の３段に分けてあらわされています。
写真は、現世で悪行を働いたものたちが、下段の地獄へと落とされる場面（右側）です。地獄では、獄卒たちによって首枷をつけられたり、棒で殴られたり、火あぶりになるなど32の責め苦が待っていました。　　アンコール王朝、12世紀前半、アンコール・ワット（カンボジア）　©Akiko. M

きで地獄に落とされて苦しみの来世があり、秩序ある生き方をしていれば心地よい極楽で永遠に安らかな暮らしをすることができるというのです。極楽への善行による手引きはさまざまに語られ、その行為を経ておくことで、死後の在り方に安心感を覚えるのでしょう。また、秩序を乱し、好き勝手な生き方をしている者が、死後に罰を受けるであろうことを想い、溜飲を下げたりもしたのでしょうか。

　古代エジプト時代には、秩序、正義は「マアト」でした。ダチョウの羽根の文字（表音文字）$\int$ がそのシンボルとされ、しばしばその羽根飾りのあるヘアバンドを身につけた女性（女神）としてあらわされることもありました。社会の秩序を守り、正義にしたがって生きた人物は来世で永遠に幸せな暮らしを送ることができると信じられていたのです。

　江戸に伝わる古典落語に「御血脈」という演目があります。信州善光寺別

血脈譜　釈迦牟尼仏（仏教の開祖である釈迦を仏＝ブッダとして敬う呼称）を頂点に、阿弥陀如来、天台宗において融通念仏宗を開いた良忍、以降の融通念仏の継承者が記されています。歴代大勧進の貫主が連なる系図です。この譜を授与された者はそこに弟子として加わり、阿弥陀如来と結縁することができるとされているのです。
善光寺には、浄土宗の大本願（尼寺）もあり、こちらでも信者に「御血脈」が授与されています。
善光寺（長野県長野市）

[右] 閻魔王　亡くなった人の生前の罪業を裁断する十王のうち、もっとも知られている冥界の王です。
鎌倉時代、浄土宗常光山源覚寺（東京都文京区）

源覚寺「こんにゃく閻魔」
江戸時代の中頃、眼病を患った老婆が閻魔大王に祈願を行ったところ、夢の中に大王が現れ「願掛けが満願成就したなら、私の眼をひとつあげよう」と言われました。そして満願の日、お告げどおりに老婆の眼は治りましたが、以来、大王の右眼は盲目となりました。老婆は感謝のしるしとして好物の「こんにゃく」を断ち、それを供えつづけたということです。この閻魔さまは「こんにゃく閻魔」と呼ばれ、今も信仰を集めています。

当の等順上人が、浅間山大噴火の被害、天明の大飢饉に苦しむ民衆を救済するため、融通念佛血脈譜を簡略化した通称「御血脈」を参拝者に配布することをはじめました。この御札は、阿弥陀如来によって誰もが速やかに極楽往生し、仏の道に至ることができるというもので、閻魔の裁きを受けなくてもよくなりました。落語は、このために地獄が不景気におちいってしまうという事情にはじまります。地獄に景気を取り戻そうと画策して、閻魔は大泥棒で有名な石川五右衛門に御血脈を盗ませに向かわせます。ところが、御血脈を手にした五右衛門さえも極楽に往ってしまうという展開になるのです。

贖宥状と十字架

下は 1905 年、時の教皇、聖ピウス 10 世が制定したものです。1907 年、生者と煉獄にいる魂の両方に許しを与えるという内容です。

1. この許しの十字架を身に着けるものは贖宥を得ることができる（1 日ごとに 300 日分）
2. この十字架を信心深い気持ちで口づけするたびに贖宥を得ることができる（1 回につき 100 日分）
3. この十字架の前で決められた祈りを唱える者はそのたびに贖宥を得ることができる（7 年と 40 日の断食 7 回分）
4. この十字架に習慣的に敬虔の念を表すものは誰でも告解と聖体拝領に必要なものをすべて満たすことができ、以下の祭礼に関して全権の許しを得ることができる：主キリストの 5 つの聖痕の祭礼、聖なる十字架の創案、聖なる十字架の賞讃、無原罪の御宿り、聖母マリアの 7 つの悲しみ
5. 誰であれ、死を迎えるその時、教会の秘蹟で強化される、または罪を深く悔いること、（戦場などで）それらを得る機会がないと推測されるとき、この十字架に口づけをして、死にゆく人の罪に対して神の赦しを乞い、その隣人を赦せば、全権的な贖宥を得ることができる。

Pardon Crucifix
Indulgences

Granted by His Holiness Pope Pius X to the Pius Union of the Pardon Crucifix, the aim of which is to obtain pardon of God to pardon one's neighbor.

1. Whoever carries on his person the Pardon Crucifix may thereby gain 300 Day INDULGENCES once a day.
2. For Devoutly kissing the Crucifix, 100 DAYS' INDULGENCE each time.
3. Whoever says one of the following invocations before this Crucifix may gain each time an indulgence of SEVEN YEARS AND SEVEN QUARANTINES:
"Our Father who art in heaven, forgive us our trespasses as we forgive those who Trespass against us." "I beg the Blessed Virgin Mary to pray to the Lord our God for me."
4. Whoever, habitually devout to this crucifix, will fulfill the necessary conditions of Confession and Holy Communion, may gain the PLENARY INDULGENCES on the following feasts: the Five Wounds of Our Lord, the invention of the Holy Cross, the Exaltation of the Holy Cross, the Immaculate Conception and the Seven Dolors of the Blessed Virgin.
5. Whoever at the moment of death, fortified with the Sacraments of the Church, or contrite of heart, in the supposition of being unable to receive them, will kiss this Crucifix and ask pardon of God for his sins, and pardon his neighbor, will gain a PLENARY INDULGENCE.

(Pontifical Rescript of June 1, 1905, to MM the Abbes Lemann)

A.Cardinal Tripepi
Prefect of the Sacred Congregation of indulgences

To the Faithful, who devoutly kiss this Crucifix and gain these precious indulgences, we recommend to have in view the following intentions. To testify love for Our Lord and the Blessed Virgin; gratitude towards our Holy Father, the Pope, to beg for the remission of one's sins; the deliverance of souls in purgatory; the return of the nations to the Faith; forgiveness among Christians; reconciliation among the members of the Catholic Church.

By another Pontifical Rescript of November 14, 1905. His Holiness, Pope Pius X, has declared that the indulgences attached to the Pardon Crucifix are applicable to the souls in purgatory.

With Ecclesiastical Sanction
January 15, 1907

W.J. Hirten CO.

十字架の前面、人物の上に "Jesus Nazarenus Rex Judaeorum" ラテン語で「ナザレのジーザス、ユダヤの王」と刻まれています。ちなみにラテン語ではJの代わりにIを、Uの代わりにVを用いるのでI.N.R.I (Iesvs Nazarenvs Rex Ivdaeorvm) と略されることもあります。裏面には横に「父よ、彼らを赦したまえ」、縦の柱には「見よ、人々をこれほどまでに愛したこの心臓を」と刻まれています。中心にはジーザスの聖なる心臓の絵が刻まれています。

聖母の戴冠（アンゲラン・カルトン画）

聖母マリアは天上のイエス・キリストによって迎えられました。彼女はひざまずき、頭をかしげて、息子の手から冠を受けます。その儀式に参列する人びとのなかには、下段に幼児殉教者も描かれています。幼児殉教者とは、ヘロデ王がイエスの命を奪うため、ベツレヘムに住む2歳以下の男の子を皆殺しにした、そのときの子どもたちのことです。"Saints Innocents" と説明があります。カトリック教会や東方正教会などで、幼子殉教者は「救いの初穂」、最初の殉教聖人と考えられています。

天の下には現世があり、その地下には地獄が描かれています。中世のキリスト教世界では、このような世界があるものと想われていたのでしょう。地獄からは、天使によって救われる魂たちのようすが描かれています。　ピエール・ド・リュクサンブール美術館（ルクセンブルク）

正　誤　表

申し訳ございません。編集途中で、以下のページで誤りが生じてしまいました。訂正させていただきます。

9 ページ

マルティン・ター　→　マルティン・ルター

110 ページ

第 125 章 A（マアイヘルペリィの死者の書）
（オシリス神の）法廷に至ったときに述べること。第 125 章 A では、死者がオシリスの法廷に向かうようすが、右ページのような書き出し（上の写真の矢印の部分）で記されています。
そして意味は以下のようです。
法廷に着いたときの言葉「王（オシリス）は彼がおこなった悪事について明らかにします。（私は）神々の顔を拝見します。正義の主人、偉大な神であるあなたを讃えます。私はあなたの美しさを見るために私自身を連れてあなたのもとに参ります。私は正義の法廷においてあなたとともに居る神の 42（42 柱の陪審員）の名前を知っています。」

※古くから、死者は神や冥界の門番、魔物などの名前を知っていることが重要でした。

[左] 第 30 章 B（マアイヘルペリィの死者の書）
第 124 章のオシリスの法廷の主要部分が挿絵にされています。心臓がこの場で不利に働かないようにと、念を押すために描かれたのでしょう。それほど、当時の人びとはオシリス神の法廷を意識していたことがうかがえます。

この御血脈は、今日でも善光寺で頒布されており、日々これを唱えて暮らし、亡くなった時に棺に入れることで極楽往生できると伝えられています。

　このような死後の安心を保証するものは、キリスト教の歴史においては贖宥状（免罪符）がありました。贖宥状の英語 Indulgence は、もとはラテン語で税金や利子の免除（減免、赦免）を、ローマ帝国時代には監禁や刑罰からの放免を意味したのでした。ここから、indulgence は罪に対する刑罰に一時的な制限をかけるものとなりました。

　1517 年、ローマ教会で発売されたこの「お札（ふだ）」を買った人は現世の罪が許され、天国に行くことができる、また亡くなった親族、知人のためにそれを買えばその人も救われるとされたのです。表向きはローマのサン＝ピエトロ大聖堂の大改修の費用を得るためという理由でしたが、実際には教皇、大司教、高利貸し業者が利益を得ていたことから、この贖宥状がきっかけになってマルティン・ターによる宗教改革がおこったことは有名です。

　現代のエジプトの宗教、イスラームにおける死後の世界はどのようなものでしょうか。彼らの死は、機能しなくなった肉体から魂（ナフス）が離れるというもので、それがいつになるのかは神（アッラー）のみが知ることとされています。離れた魂は神のもとに召されるのですが、その時期もイスラームの聖典クルアーン（コーラン）では明らかにされていません。そのために死後の魂のあり方には、解釈が分かれているようです。

　一般的には、イスラーム教徒として恥じない暮らしを送った者は、死後、その魂は一度天に昇り、その名を天国における名簿（イッリーユーン）に記し、天使の審問を受けてから墓に戻って、平安な状態で復活の日を待つのです。つまり、イスラーム教徒の遺体は白い清浄な布に包まれて土葬されたり、墓に納められて保存されなくてはなりません。このとき、遺体は顔がマッカ（メッカ）の方向に向けて横たえられます。私たちの慣習になっている火葬は、地獄の業火で焼かれて消滅することにつながると考えられているので、イスラーム教徒にとってはタブーとされているのです。

　そして復活の日、人の魂と肉体はもとに戻され、最後の審判を受けたあと、二度と死の苦しみを味わうことのない平穏な暮らしを送ることができるので

ピラミッドとイスラーム教徒の墓　うしろのピラミッドはアメンエムハト 1 世のピラミッド。今も耕地から離れた沙漠に墓が営まれています。土盛だけの墓も少なくありません。
中王国時代第 12 王朝、前 1990 年頃（アル＝リシュト）

した。対して、不信心だった者は地獄の名簿（シッジーン）にその名が記され、天使による審問のあと、復活の日まで罰を受け続けるとされています。そして最後の審判でも地獄行きが裁決されると、死ぬことも生きることもできない苦しみを永遠に受け続けるというのです。

　ちなみに、殉教者の魂は他の者より優先して神のもとで平安にあり続けると考えられています。神が司る命を自殺で終えることは禁じられているにもかかわらず自爆テロが起こるのは、その死を殉教と解釈するからです。

　現世での「罪」、その罪に対して、来世では苦しみをもって償わなければならないと思う人びとの不安、後悔の念を払拭しようとする宗教的な救いもまた、古くから繰り返されてきたことです。それを明確に説明して人びとに安心感をもたらせようとした宗教的な動きも、すでに古代エジプト時代にありました。

また、死後の世界、その世界にたどりつくまでのようすを、絵画や物語でわかりやすく説明したものもあります。

　上方落語の『地獄八景亡者戯』は死の恐怖を忘れて楽しむことができる演目として、一聴していただければと思います。怖い世界として言い伝えられてきた閻魔の裁定に至るまでのことを、獄卒である鬼を困らせるなどのエピソードを交えて面白おかしく演出し、聞かせるものです。

　こうした娯楽は死への恐怖を和らげようとするものだったのでしょう。21世紀の時代でも、閻魔の裁きを受けて地獄に落ちる、極楽に往く、死者が蘇るなどをテーマにした物語の人気は絶えることがありません。

　人は経験を知恵として伝え、蓄積してきましたが、死だけは、誰もが経験するものの、誰もそのようすを伝えられません。それゆえに、死を意識すると、人は不安になります。亡くなった人の肉体が朽ちていくようすはその不安をかき立て、恐ろしさを覚えてしまうものです。この、誰も知り得ない死と、人はどのように向き合ってきたのでしょう。

　人類の文化史において、古代エジプト人が想い描いた死後の世界は特筆すべきものがあります。古い時代からの娯楽として、賽子を振って駒を進める双六のようなゲームに親しんでいた彼らの思考では、来世もロールプレインングゲームのように、ひとつずつステージをクリアして進み、来世に復活するというように想像されたこともあったようです。そうして見ると、難解そうな印象のある死後の世界の展開にも、親しみが持てるのではないでしょうか。

　本書では、観光に訪れる機会が多い遺跡や博物館の展示物を中心に、古代エジプト人の来世観を紹介して参ります。皆さんが、より一層、古代エジプト文化に親しんでいただける一助となれましたら幸いに存じます。

松本　弥

※本書の写真図版にある［　］の英数字は、墓の遺跡番号、または博物館の所蔵品番号です。

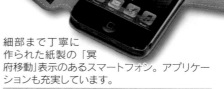

細部まで丁寧に
作られた紙製の「冥
府移動」表示のあるスマートフォン。アプリケーションも充実しています。

中国や台湾の紙銭

先祖に祈りを捧げる清明節（旧暦3月、春分から15日目にあたる節日）には、来世で暮らす先祖のために、墓前に飲食物を捧げるとともに、経済的にも不自由しないようにと紙銭が燃やされます。一昔前までは粗紙でしたが、近年は金紙や銀紙、冥都銀行や天地銀行の高額な紙幣、さらにクレジットカードだったり、液晶テレビ、パソコン、ロボット・ペットなどの電化製品、高級車、豪邸などが描かれた紙銭があり、最新の上等な身の回りのものが来世に届くように願っているようです。また、来世で身の回りの世話をしてくれるように、等身大の人型の紙を燃やすこともあります。

左下の紙銭の人物は中国の道教における最高神、高上玉皇大帝（玉皇大帝、玉皇、玉帝とも）で、天界または宇宙の支配者、そして地上・地底に住むあらゆるものの支配者です。中国の人びとは、亡くなった人も閻魔様の前を無事に通過できれば、玉皇大帝のもとで現世と同じように来世で暮らしていると思っている人が多いようです。また、玉皇大帝以外に、マリリン・モンロー、ビン・ラーディン、チェ・ゲバラ、ほかにもスターリン、ケネディ、チャーチルなどの伝説的な人物の紙銭もあります。

こうして印刷したものであっても、来世には実物が届き、亡くなった先祖が満足するという考え方は古代エジプト人が文字や壁画で供物を残した想いと近いと言えるのでしょう。

—第0章—
死者、墓、来世

エジプトの風土と死生観

エジプトの国土の衛星画像をご覧下さい。エジプトでは、大河ナイルは途中で屈曲はあるものの南から北への1本の流れです。その水がおよぶところに広がる緑地（耕地）が人びとの生活する場所です。

天然のミイラ
先王朝時代の沙漠での埋葬のようすを復元した展示。　ナカダⅡ期、前3600〜前3350年、エジプト博物館（トリノ）[S.293-303]

耕地の東西には沙漠があります。耕地の縁に立って沙漠を見やると地平線まで赤茶けた大地が続いています。背後にある緑地とは対照的な不毛の土地は、死の世界を連想させたのでしょう。耕地を有効に利用するため、古くから死者は耕地近くの沙漠に穴を掘って葬られてきました。

エジプトでは、このナイルが形作る世界を太陽が東から西へ移動します。乾燥した気候なので曇ることがほとんどなく、人びとはほぼ毎日、太陽が東の沙漠の地平線から現れ、西の沙漠の地平線に沈むようすを見ていました。その環境で、ナイルの西側、太陽が沈むところに来世への入口があるという発想がおこったことに何の不思議もありません。太陽は大地の下にあるだろう冥界を通って、東の地平線から昇ると想像したのです。

この太陽を意識して、死者はナイルの西側の沙漠に、顔を西向きに横たえられて埋葬される風習が増えていったようです。

ところで、沙漠に穴を掘って埋葬する、つまり乾燥した砂で遺体がおおわれると腐敗することなく、乾燥が進みました。何かのときに埋葬したはずの遺体があらわになることもあったのでしょう。そのとき、乾燥した遺体に生前の知人の面影を思い出したりしたのではないでしょうか。

しかし、地上に出た遺体は、ときにヤマイヌなどに荒され、無残な姿になったはずです。実際に、土葬されたイスラーム教徒の遺体が沙漠の墓地から野良イヌに持ち出されるようすを目にしたことがあります。

遺体の惨状を親しかった人が見て、大切な人の遺体を大事にしなくては、と心が動かされたことも当然のことです。そうした思いから、一族の長老、

エジプトの衛星画像

ギザ●
サッカラ●

アシュムネイン○●

アビュドス●

●ルクソール

●アスワン

©Google Earth

15

村や町の有力者が亡くなると日干しレンガで埋葬室を作り、砂まみれにならないよう手厚く葬るようになりました。

　そうするとともに、人びとはどうすれば遺体を良好に保てるかの方法を模索しはじめたのです。遺体に石膏を塗って生前の姿に近いものにするなどもそうした試みのひとつだったのでしょう。やがてミイラ化の技術が考案され、発展したのです。人が亡くなると、腐りやすい内臓、脳などは取り出し、腐敗防止の工夫をするミイラ化の処置も、王朝時代のはじまりと時を前後したあたりからはじまりました。王をはじめ、地位の高い人物は、念入りにミイラ化の処置が施されました。

　そしてミイラを墓に納めると、死者はそこを家として復活すると信じられていた時期があったのです。ヒエログリフで墓（イス）は「安らぎの家」というイメージであらわされることがあります。墓の中には、復活した死者が現世と同じような暮らしができるよう、さまざまな物が納められ、たとえそれらが失われても、死者が唱える呪文でそれらを得られるように、浮彫や絵画でも暮らしに必要な飲食物、暮らしの道具類が残されたのでした。

　「はじめに」にも記しましたが、たとえば仏教徒の私たちも、親族が亡くなると、火葬するにあたって、その人が好んで着ていた服や愛読書、家族の写真など、死者に持たせるものを用意したり、実際は食べることなどはないのに葬儀の後も位牌、遺影の前に、好物だった食べ物を供えたりする風習がありますから、その思いは同じです。古代はその思いがもっと強く、熱心だったのでしょう。

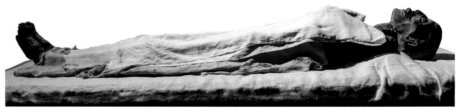

ラメセス 1 世のミイラ　19 世紀に盗掘されたこのミイラは、カナダの Niagara Falls Museum に所蔵されていました。それが、2003 年 10 月、エジプトに返還されました。
新王国時代、前 1290 年頃、ルクソール博物館

古代エジプト人の世界観

天、冥界、太陽の運行などについて、古代の人びとが残した資料から推すと、ここに示したようなイメージだったのではないかと思われます。

ひとつには、天は四方で天の柱に支えられてあり、平坦な大地の地上と地下で対称的な世界があると考えられていたようです。東西には沙漠が広がるので、視界にある大地は平坦で、太陽が現れる沙漠の地平線が大地の端でした。実際には、沙漠を越えて交流する異民族があったので、大地の広がりは知っていましたが、観念的に左図のようなイメージだったと思われます。

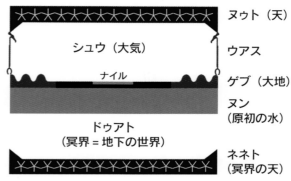

ヌウト（天）

シュウ（大気）

ウアス

ナイル

ゲブ（大地）

ヌン（原初の水）

ドゥアト（冥界＝地下の世界）

ネネト（冥界の天）

ちなみに、身長 160 センチほどの人が地上に立って見える地平線は 4.5km ほど先になります。10m ほどの高さの建物の上からは 12km ほど、20m ほどの建物で 16.5km ほど、高さ 100m ほどのナイルの河岸段丘の頂上からは 35 〜 36km 先まで見える計算になります。

宇宙観

ヌウト（天）

ナイル

ゲブ（大地）

ヌン（原初の水）

ドゥアト（冥界＝地下の世界）

ネネト（冥界の天）

昼間、太陽神（ハヤブサの姿）は太陽神の舟に乗って東の地平線から西の地平線まで航行し、夜は牡ヒツジ（バァ＝魂）の姿で西から東へ航行すると考えられていました。それに基づくイメージでは世界は丸く、天の外側にも水がめぐっていると考えられていたようです。

宇宙観のイメージ　東の大地の端に足を、西の端に両手を着けるヌウト女神。そのヌウトを、頭上にクッションをのせた大気の神シュウが支えています。その下に大地の男神ゲブが横たわっています。周囲には魂バァ（羊頭）や神々が讃える姿勢であらわされています。太陽は、日々、ヌウトから生まれ、天空を進み、夜にはヌウトに飲み込まれると考えられていたのです。この図では太陽はシュウ神の胸のところに円盤の形であらわされています。夜の間、太陽はヌウトの体内を通って、子宮に戻っていくというわけです。死者もまた太陽のように、永遠に再生復活を繰り返し、来世で存在し続けることを願ったのでしょう。

太陽が地下世界を通過するのとは別の天のイメージです。ちなみに、こうしたヌウト、シュウ、ゲブの3神のイメージは新王国時代の終わり、第20王朝の頃にできあがったようです。

第3中間期、前1050年頃、マアサァヘルティの棺、カイロ・エジプト博物館〔JE 26195, CG 61027〕

　しかしやがて、どんなに丁寧にミイラをこしらえても、だれも現世に復活するものはないことがわかってきました。そうしたときに、神官たちは死者は現世ではない世界に復活し、永遠の命を得ることができるという来世観をつくったのです。遺体であるミイラは、来世での復活に必要で、死者は現世の人間には見えない姿で来世と現世を往き来したり、また人格は別の形で存在したりと、理解できない死を納得しやすく解釈し、その時々の疑問を解消していったようです。それは、古代の人びとが残した文書や壁画からうかが

い知ることができます。

　新王国時代以前は、来世で復活できるのは身分の高い人物と考えられていましたが、新王国時代になると、人びとは誰もが来世で幸せに暮らし続けられると信じるようになったのです。故人の墓を残すことができる身分の人びとは、死後の世界、死後もこうありたいとの祈願を墓の壁画にあらわし、数々の副葬品を墓に納めました。ミイラを棺に落ち着かせると、さまざまな護符とともに、来世へ無事に復活することができるようにと呪文をパピルスに記して添えるようになります。

　それらの呪文は通称「死者の書」とよばれていますが、当時の名称は「日のもとに現れる（ための書）」ですから、一度、死者の世界に往った者が来世で太陽の光を浴びて暮らせるようにと祈ったものでした。来世に至るまでのさまざまな場面では、その行程を阻止しようとする邪魔者があったり、苦難が想定されていたので、その場を乗り切るために必要な呪文を唱えてそれらを克服していくという展開が想定されたのです。庶民のものとなった「死者の書」には、それぞれの場面に挿絵がそえられ、理解の助けとされました。

　一方で、新王国時代の王墓では別の内容の冥界をテーマにした壁画が描かれるようになります。太陽が地平線に沈んだあと、つまり西の地平線から地下世界に入ったあと、12時間に分けられた冥界を神々とともに邪悪なものを退治しながら進んでいくという内容が主です。王の再生復活を、日毎の太陽の再生に重ね、祈ったのでしょう。

　王墓に描かれた太陽の冥界への旅も、太陽が場（ステージ）をひとつひとつ移動し、苦難を排し、邪悪な魔物を退治して、次の場面に移るという展開になっています。それぞれの時間のステージをクリアし、次の時間に進んでいくのですから、今日のロールプレイングゲームの発想の原点は古代エジプト時代にあったといえるのかもしれません。

ボードゲームの発想

　死後、来世までの場面展開、そこを通過するイメージは、古代エジプト人たちが好んだ遊びのひとつ、ボードゲームにあったのではないでしょうか。

ゲームの場面 庵（いおり）のなかでセネト・ゲームをするセンネジェムと妻イイ・ネフェルティ。対戦相手がいないのは、このゲームをおこなうことに宗教的な意味があったからです。「死者の書」第17章の挿絵です。庵の前の夫妻の魂バァにはパンや野菜の供物が捧げられています。
新王国時代、前1280年頃、センネジェムの棺、カイロ・エジプト博物館［JE 27301］

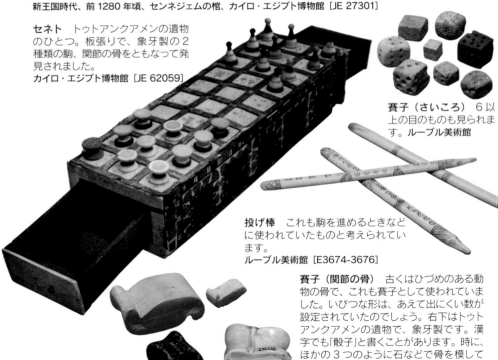

セネト トゥトアンクアメンの遺物のひとつ。板張りで、象牙製の2種類の駒、関節の骨をともなって発見されました。
カイロ・エジプト博物館［JE 62059］

賽子（さいころ） 6以上の目のものも見られます。ルーブル美術館

投げ棒 これも駒を進めるときなどに使われていたものと考えられています。
ルーブル美術館［E3674-3676］

賽子（関節の骨） 古くはひづめのある動物の骨で、これも賽子として使われていました。いびつな形は、あえて出にくい数が設定されていたのでしょう。右下はトゥトアンクアメンの遺物で、象牙製です。漢字でも「骰子」と書くことがあります。時に、ほかの3つのように石などで骨を模してこしらえたものもあります。
ルーブル美術館［E11171, E21565, N1830］
カイロ・エジプト博物館［JE 62059V］

ゲームの場面　残念ながら写真の上端で壁画が失われています。大臣メレルカが息子と思われる人物とゲームをしています。古王国時代には、日常的にゲームを楽しむようすがあらわされています。親子での楽しい一時も来世で繰り返されることを願ってのことでしょう。メレルカ、家族、家来たちの順で人体の大きさが変えられているのは、人物の重要度を大きさで表現する古代エジプト美術の特徴のひとつです。　**古王国時代、前2300年頃、メレルカのマスタバ（サッカラ）**

　エジプトでボードゲームは、初期王朝時代の墓の副葬品として出土しており、その起源は統一王朝がおこる以前、ナカダ文化の頃からあったと考えられています。現状では、今日までに世界各地から発見されているボードゲームの遺物の中で、古代エジプト人たちのものが最古のようです。日本の双六もシルクロードを経て、中世の中国との交易で伝わったといわれています。

　当時のボードゲームがどのようなルールで行われていたかは、出土した盤面などから推測するしかありません。骰子（動物の関節の骨、ナックル・ボーン）や賽子、棒状に加工された牙（主にカバ）など、数を示すものを振ってコマを進めるものだったようです。

　先王朝時代から古王国時代の終わりにかけて楽しまれたものはメヘンという円盤状のボードゲームでした。メヘン（右）は「とぐろを巻いたもの」というヘビの神に由来しているように、その盤面

[上] メヘン・ゲーム　アビュドス出土。
先王朝時代、新エジプト博物館（ベルリン）
[AM13868]

[右上] メヘン　自身の尾をかむヘビははじ
まりも終わりもない完全に永遠のものの象徴
でしょう。トゥトアンクアメンのミイラの頭
部を囲んでいます。これがギリシアに伝わり、
ウロボロスとされました。トゥトアンクアメン
の第2の厨子の浮き彫り（後編46ページ参
照）。　カイロ・エジプト博物館 [JE 60666]

[右下] メヘン　冥界を進む太陽神の舟では
厨子のなかに太陽神ラーが立っています。メ
ヘンはその厨子を守護しています。
新王国時代、第19王朝、前1200年頃、セティ
1世王墓（ルクソール西岸）

はとぐろを巻いたヘビの体が細分
され、その上で駒を進めるもの
だったようです。メヘンはのちに、
冥界を航行する太陽神の舟で太陽
神ラー囲んで守護すると信じられ
るようになりました。

　メヘンと同じほど古くからあったボードゲームに、セネト
が（右上）あります。新王国時代には、娯楽としてだけでなく、
来世信仰と結びついて関心を集めていました。セネトとはセ
ニィ「通り過ぎる」（右下）に由来し、「日のもとに現れる（た
めの書）」（通称「死者の書」）の第17章（76,82ページ）にもあるように、死後、
来世に復活するまでの過程と重ねて考えられていたと思われるのです。双六
でいうところの「あがり」が来世ということでしょう。

—第1章—
ピラミッド・テキスト
コフィン・テキスト

カァセケムイ王の周壁　二重の泥レンガの壁が巡らされています。外壁は長辺が約137m、短辺が約77m、壁の厚さは約5m、高さ約12m、内壁は約123mと約56m、厚さ約3m、高さ約8m。入口は東の隅と北の隅にそれぞれ1カ所ずつあります。これらの入口にはかつて石製の柱があり、扉もあったようです。ただ壁に囲まれた中庭からは現在まで明確な遺構は発見されていません。

ここから約1.6km南には王墓も営まれており、この耕地に近い場所で何らかの葬祭儀式が営まれていたであろうことがうかがえるだけです。1991年には、この周壁の東側で舟を納めた遺構が発見され、2000年にはじまった発掘で14隻もの舟が確認されたことも重要です。それらは第1王朝後期のものでしたから、カァセケムイの周壁はこの舟の埋葬施設を意識してのものであったとも考えられます。
初期王朝時代第2王朝、前2700年頃（アビュドス）

葬祭文書以前

　新王国時代の壮麗な王墓と違って、エジプトに統一国家が興ったはじめのころのものは、その被葬者が誰かも明らかにされていませんでした。初期の第1〜2王朝の王たちが墓地に選んだ場所はアビュドスでした。おそらく彼らの出身地、活動拠点に近く、古くから祖先が葬られてきたところだったのでしょう。

　古い時代の墓は、沙漠に穴を掘り、泥レンガで壁をつくって砂がくずれてこないようにし、

カァセケムイ王の周壁　壁の外観は、王宮の外観を模した壁龕（ニッチ）が設けられています。白い化粧土が塗られていました。

埋葬室、供物を納めるいくつかの部屋が設けられただけでした。上部はアシや樹木で覆い、そこを低い泥の墳丘にして最終的には墓は隠したのでした。そして墓とは別に、少し離れた生活域（緑地）の近くに泥レンガの周壁を設け、おそらくそこで葬祭、供養の儀式をおこなっていたようです。

しかししばらくすると、王墓に名前（ホルス名）を刻んだステラ（石碑）が立てられ、その被葬者が誰であるかわかるようにしたのです。さらに王権が強力になるとともに墓の規模（副葬品を納める場所）が大きくなります。生前から

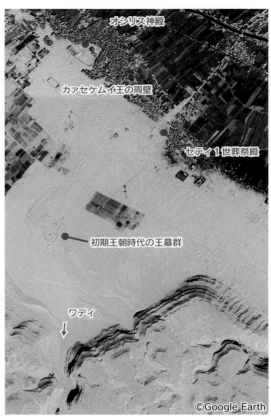

オシリス神殿
カァセケムイ王の周壁
セティ1世葬祭殿
初期王朝時代の王墓群
ワディ
©Google Earth

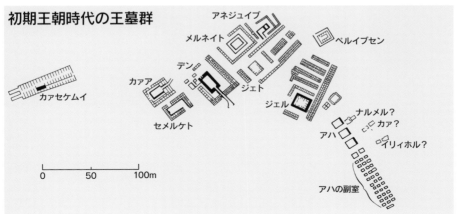

初期王朝時代の王墓群

アネジユイブ
メルネイト
ペルイブセン
デン
カァア
ジエト
ジエル
セメルケト
ナルメル？
カァ？
アハ
イリィホル？
カァセケムイ

アハの副室

0　　　50　　　100m

［下］メルネイトの石碑
初期王朝時代第1王朝、前3000年頃、アビュドス出土、カイロ・エジプト博物館
［JE 34450］

カァセケムイ王墓跡
発掘後、埋め戻されています。奥に見えるワディ（涸れ川）の谷間が来世、冥界に続いており、ここから死者は神に導かれて行くと思われていたのではないかと想像できる景観です。（アビュドス）

墓碑 殉死した召使い（左）や飼いイヌ（右）の石碑も墓に立てられていました。
初期王朝時代第1王朝、前3000年頃、アビュドス出土、ルーブル美術館［E21715, E21702］

自身の墓の造営をはじめ、地下へは亡くなった王に必要な物資が運び込まれました。ステラの立てられた場所では、亡くなった王に届くよう、供物が捧げられ、祈る葬祭儀式がおこなわれるようになりました。

　このころ、死後の世界が具体的にイメージされはじめたのです。第1王朝の2人目の王ジェルの墓には326人もの殉死者が墓の周囲に埋葬されました。死後も彼らが王に仕えるという来世観がそうさせたのでした。しかし殉死は、第2王朝のカァセケムイ王のために3名が埋葬されたのを最後に見られなくなります。来世観の変化です。

　墓の構造は現世の王宮のプライベートな空間が持ち込まれるような形にな

デン王墓（復元）
壁の部分などは泥レンガでつくられていますが、床面はアスワン産の花崗岩が敷かれています。はじめて石材をもちいた墓です。入口から階段で墓室に降りる構造もはじめてで、階段の途中には木製の扉が設けられ、死後の供犠で供物を追加できるようになりました。136人もの男女の殉死者もありました。
初期王朝時代第1王朝、前3000年頃（アビュドス）

り、なかにはトイレまで用意されました。とにかく死後も、現世と同じ暮らしが続くと信じられ、そのための引越のような墓造りがおこなわれたのです。亡くなった王を来世に導くのはウプウアウト（ウェプワウェト、ウプウアト）というヤマイヌ（エジプト・オオカミ Canis anthus lupaster）の神でした。後述するピラミッド・テキストでは、ウプウアウトが天を開き、死者を太陽のように天に導き、東の地平線から現れるようにすると記されています（301, 304章など）から、その神話もこの地域からはじまったと考えられます。

　第3王朝には、政治の中心だったメンフィスの墓地、サッカラに王墓が移り、ピラミッドへと発展していきます。第2王朝でも少なくとも2人の王が

ウプウアウト
死者を来世で導くという役割のほかに、後代には死者が来世で話したり、食べたりできるようにする「口開きの儀式」にもかかわっていたようです。
[左] 第18王朝、アメンヘテプ3世葬祭殿、前1400年頃（ルクソール西岸）
[右] 第19王朝、セティ1世葬祭殿、1290年頃（アビュドス）

サッカラに墓を造営していますが、多くの王墓はアビュドスに造られました。ちなみに「サッカラ」という現在の地名の語源は、ハヤブサ姿の墓地の守護神ソカルの名です。

　第3王朝の最初の王とされるジェセル（ネチェル・ケト）王に仕えた大臣にして建築家のイムヘテプは、それまでの周壁、葬祭施設、埋葬施設をひとつに複合体としてまとめました。そしてそれまでは玄室などの一部にしかも

ちいられなかった石材を主材料
にしたのです。

　さらにこの当時、急激に王権
が高まりました。農作物に恵
まれ、それによって銅やトル
コ石の採掘量が増し、人の交流
が盛んになると文字による情報
伝達、時間を管理するための天
文学、建築に必要な数学、土地
の測量、工芸技術、そして国家
の政治形態も急激に発展しまし
た。

　それが革新的な石造建造物の
誕生につながったのです。生前
から準備がはじまったジェセル
の墓は、当初は台形状に石を積
んだ墳丘でしたが、建造途中で
拡張がはじまります。全体を大
きくすると、次に東側が拡げら
れたのですが、このとき微妙に
段差ができて一部が階段状にな

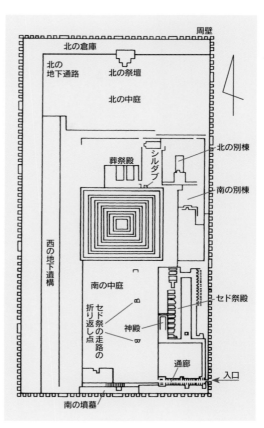

［上］ジェセル王のピラミッド複合体
周壁は東西が約277m、南北が約545 m、高さ10.4m
の規模があります。

［左］ジェセル王、階段ピラミッド
ピラミッド本体の長辺は約121m、短辺は
約109m、高さは約62.5 mの規模です。
手前のセド祭殿は、現世では木やアシの茎
などで造られましたが、来世での祭事のた
めのこの施設は、扉もすべて石灰岩製で
入ることはできません。

右の写真は、ピラミッドの東面、増築がお
こなわれたことがわかる接合部分です。
古王国時代第3王朝、前2600年頃(サッカラ)

階段ピラミッド、南の中庭
セド祭では、王が統治を続けるだけの体力があることを示す重要な走行の儀式がありました。南の中庭には、その儀式のための折り返し点が設けられています。折り返し点の間は約60mです。

折り返し点

デン王のラベル　供物に添えられていたラベルには、セド祭殿に座る王、走る王の姿が刻まれています。
初期王朝時代第1王朝、前3000年頃、大英博物館 [EA32650]

りります。するとそれがヒントになったのか、まず4段に、そして最終的に6段に積み上げられたのでした。

最重要の関心事：セド祭

　このジェセルの王墓で注目すべきことが、複合体の一部に設けられた「セド祭」の施設です。地下の通廊にもセド祭にのぞんでいる王の姿が浮き彫りで残されています。初期の王たちが、死後、副葬品に刻んでまで持ち込みたかった関心事です。

　セド祭とは、その王の統治が永続することを祈願して生前からおこなわれ

セシェシェト
シストルム

メナト
ビーズの束の胸飾り

レンペト
レンペトの杖

[上] セティ１世とイシス女神、ホルス神
セティ１世がイシスからシストルム（楽器）とメナト（首飾り）、そしてセド祭のシンボルを受け取っています。セド祭のシンボルは年月を記録するレンペトの杖にぶら下がっています。
新王国時代第 19 王朝、前 1300 年頃、セティ１世葬祭殿（アビュドス）

[右] セド祭（ヘブ・セド）のヒエログリフ
上エジプトと下エジプトに向けて儀式がおこなわれたため、２つの祀堂が背中合わせにあるようにあらわされています。

ていた儀式です。「セド」とは前述したウプウアウト（ウェプウアウト）と関係があった神、あるいは類似した神として崇拝されていた神と考えられています。王権そのものというよりも王が責任を持たねばならない国家の秩序、正義の保持、擁護するもの、それが永続する方向へ導くものという性格です。後世に重要視されるマアト女神（秩序、正義）に近いものだったのでしょうか。

　その起源は統一王朝以前からのものだったようです。権力者が老いなどから体力が衰えたとき、一度区切りをつけて（ときに王を殺す、あるいは殺す儀

31

[上] ニウセルラー王のセド祭　アブ・グラブにあった王の太陽神殿の浮き彫り。下エジプト王の姿をした王がさまざまな儀式にのぞんでいます。
古王国時代第5王朝、前2375年頃、新エジプト博物館（ベルリン）[ÄM20078]

[左] ニウセルラー王の太陽神殿　「供物」と「太陽」を意味する文字（右）が組み合わされた形の祭壇。
古王国時代第5王朝、前2375年頃、アブ・グラブ

ヘテプ
供物

ラァ
太陽神ラー

[左] メンチュヘテプ2世像
下エジプト王の象徴である赤冠をかぶり、白い身体にぴったりの衣装を身につけたこの姿は、王がセド祭にのぞむ姿です。肌が黒色であらわされているのは、沃土の色、穀物や植物の再生、豊穣を象徴しています。
中王国時代第11王朝、前2050年頃、カイロ・エジプト博物館[JE36195]

**メンチュ神に見守られ
て走るラメセス2世**
下エジプト王の象徴で
ある赤冠をかぶった
ラメセス2世が走る
後ろに、折り返し点の
マークが3つ、描か
れています。デン王から
2000年近くを経て
も、王権を維持する王
にとって重要な儀式で
あったことがうかがえ
ます。
**新王国時代第19王朝、
前1250年頃、カルナク
神殿（ルクソール）**

式）、あらたな統治の力を得る儀式を民衆の前でおこない、生まれ変わった
王として承認を得ることを目的としたのでしょう。

　王朝時代には、王が統一者となってから30年目に最初のセド祭をおこな
い、以降は3～4年ごとに祝われたのでした。王としての理想はこの儀式を
何度も永遠に続けることで、それを願う様子は神殿などの壁画のテーマとし
てさかんにあらわされました。そうした壁画では様式化され、実際の統治年
数が30年に満たなくても、希望、祈願としてほどこされたのでした。

　第3王朝のジェセル王以降、王の権力は絶対的なものに高まり、それは第
4王朝のスネフェル、クフ、カフラーの巨大ピラミッドの時代に頂点に達し
ます。そうした時代の王は、死後もその支配力を維持し、永遠の存在になる
ことを信じて疑わなかったのでしょう。彼らの死後の関心は永遠の王権の更
新を約束してくれるセド祭にあったと考えられます。

ピラミッド・テキスト

ウナス王のピラミッド・テキスト［左］と埋葬室［上］
石灰岩を積み上げた壁面に青色の顔料で彩色された文字が特徴です。玄室、前室、通廊の一部に縦書きのヒエログリフでピラミッド・テキストがびっしりと刻まれています。石棺は灰色の砂岩製で、石棺の周囲の壁には王宮の外観を模した装飾が施されています。天井は星空＝夜、つまり冥界をあらわしています。
古王国時代第5王朝、前2340年頃、ウナス王のピラミッド（サッカラ）

ウナス

　ピラミッド・テキストは、紀元前2400～2300年頃、古王国時代第5王朝の終わりから、第6王朝、第1中間期の第8王朝に至るまで、首都メンフィスの墓地であったサッカラの、王や王妃のピラミッドの内部の壁面や石棺に刻まれました。この頃は、王族のためだけの葬祭文書です。

　この文書は、エジプトを象徴するもののひとつとして有名なギザのピラミッドの時代、つまり巨大ピラミッドが造営されていた第4王朝には見られません。第3王朝以降、絶対的な権力を誇り、現人神のようだったその頃の王には必要なかったということでしょう。

　ところが、ギザ台地にある小さな3つ目のピラミッド、メンカウラー王のピラミッドの次の王シェプセスカァフがピラミッドを残さなくなって以降、事情が変わってきます。その後、第5王朝になると、ふたたびピラミッドの

ウナス王のピラミッド［上］と平面図［右］
平面図は上の写真と同じ向きにしています。ピラミッドの化粧石、東側に設けられていた葬祭施設、衛星ピラミッドもほとんど残っていません。
底辺は約57m、高さは約43mの規模です。

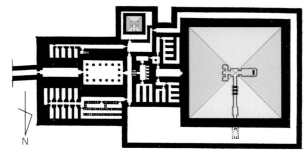

N

造営がはじまりますが、その規模は第4王朝のそれらとははるかに小さく、質素なものになっていきます。権力の衰えは明らかです。そうなると、王はヘリオポリスの太陽神ラーへの信仰を篤くし、「太陽神ラーの息子」（サァ・ラー）の称号の名前をもちいるようになり、ラー神のための神殿（太陽神殿）を設けるようになりました。日毎に天に昇ってくる太陽と王とを重ね、この頃は、死後の王は太陽とともにあると信じられていたのでしょう。太陽神ラーの息子とは、つまりホルス神のことでもあります。

　太陽神殿のなかでも保存状態のよいニウセルラー王の遺構からも、太陽神の恩恵による豊かな自然（季節の動植物のようす）を描いた浮き彫りととも

**テティ王のピラミッド・テキスト［上］と
ピラミッド［右］**
ウナスの後継者で、第6王朝
の最初の王です。ピラミッドの
底辺は約78.75m、高さは約
52.5 mの規模です。
**古王国時代第6王朝、前2300
年頃（サッカラ）**

テティ

にセド祭にのぞんでいる王の姿が残されています（32ページ）。ここでも王
が想い描く死後の世界ではセド祭をおこなうことが最重要の願いであったと
わかります。

　ところが太陽神殿の建造も王権の弱体化の歯止めにはならず、約150年後、
第5王朝の最後の王になるウナスの時代には太陽神殿も造営されなくなりま
した。死後、王は神として永遠に存在し続けるという信念とも言える信仰が
揺らいできたのでしょうか、ピラミッドの通廊や玄室、ピラミッドによって
は石棺に葬祭文書がびっしりと書かれるようになったのです。それが通称「ピ
ラミッド・テキスト」とよばれています。今日までに確認されているピラミッ

ウナス王のピラミッド前室
東の壁面です。48 ページの図の⑥です。壁一面にびっしりと書かれた文書には圧倒されます。文章は三角の屋根のような上部とその下で 2 段に分けて書かれています。
上部には、太古の食人の慣習をうかがわせる内容の文章が記されています（50 ページ）。
下の通路を身をかがめて抜けると、その向こうは 3 つの壁龕がある礼拝室、あるいはシルダーブ（死者の似姿である彫像を納めた部屋）とされている場所です。そこには文字は記されていません。おそらく 3 つの彫像が置かれていたものと思われます。

ド・テキストは、最初のウナス王（第 5 王朝最後）、最後の第 8 王朝のカァカァラー・イビ王のもの以外は第 6 王朝のもので、現在までに全部で 6 基の王のピラミッド、5 基の王妃のピラミッドで確認されています。

その全体は 20 世紀半ばまでの研究で 759 章に分けられましたが、その後のあらたな文章の発見や研究によって、数については諸説が出されているため、本書でも「約 800」とさせていただきます。ピラミッドのなかで、これらの文章がすべて書かれているものはありません。もっとも多いペピ 2 世のピラミッドで章の数は 675 です。

中王国時代以降は、王のピラミッドや王墓にはピラミッド・テキストは見

口開きの儀式

ペセシュ・ケフ道具セット
中央の魚の尾の形のペセシュ・ケフ（裂き庖丁）の形、左右対称に香油容器などが並べられているのは、上エジプト王、下エジプト王としての儀式で使い分けていたと考えられています。
年代不詳、ルーヴル美術館［E11140］

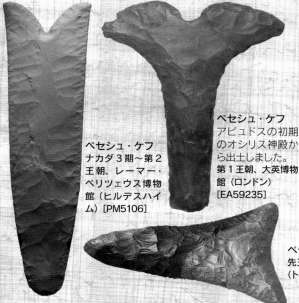

ペセシュ・ケフ
ナカダ3期〜第2王朝、レーマー・ペリツェウス博物館（ヒルデスハイム）［PM5106］

ペセシュ・ケフ
アビュドスの初期のオシリス神殿から出土しました。
第1王朝、大英博物館（ロンドン）［EA59235］

ペセシュ・ケフ
先王朝時代〜第2王朝、エジプト博物館（トリノ）［C.6281/1］

ハァ
h3
おお！

ウニス
Wnis
ウナス

イセメン
ismn.(i)
（私は）据える

（エ）ン（エ）ク
n.k
あなたのために

アルティ
nti
顎

（エ）ク
k
あなた（の）

ペセシェト
spss.t
裂く

ペセシュ・ケフ
pss kf
フリント製
裂き庖丁

ピラミッド・テキスト37章
「おお！ウナスよ。私はあなたのために、裂き庖丁で裂いて、あなたの顎を（きちんと）据えましょう。」
ウナス王のピラミッド、埋葬室の北側の壁、上段中央より

39

口開きの儀式

亡くなったトゥトアンクアメン王に対して次の王アイが口開きの儀式をおこなっています。

トゥトアンクアメンは白い布に身を包んだオシリス神（冥界の王）の姿で立っています。アイは王のしる
しである青冠をかぶっていますが、ヒョウの毛皮をまとった神官の姿です。アイはメセケティウとよば
れた手斧を持ち、ミイラの口を開くしぐさをしています。

ふたりの間には、香（粒のように描かれています）が入った容器、メセケティウの手斧、羽扇、ウシの
腿の形をした柄の金色の扇、金色の指の形の道具が見られます。ウシのもも肉は手斧と同じくメセケティ
ウとよばれ、北天の北斗七星（メセケティウ）がこれらの形にあてられています（62 ページ）。

指の道具は香油や軟膏を塗るときに使われたのかもしれません。また生まれたばかりの子の口から指で
汚物をかき出すことから、口開きをして生まれ変わった死者にも同じことをしたとの説もあります。

新王国時代第 18 王朝、前 1340 年頃、トゥトアンクアメン王墓（ルクソール西岸）

られませんが、中王国時代にはピラミッド・テキストが形を変えて「コフィン・テキスト」として私人の棺に、新王国時代になると私人墓の壁画に抜粋されたピラミッド・テキストが書かれることもありました。

　その内容は、神官が唱えていたであろう王のためにおこなわれる儀式についてのものと、墓主である死者が死後の平安な暮らしのために唱えるべきものとの2つに分けられます。

　神官たちが唱える経文では、亡くなった王はミイラ化の処置がされたあと、供物の献納などいくつかの儀式を経て、「口開きの儀式」を受けることで話したり、食べたり

ヘリオポリスの遺跡
現在では第12王朝のセンウセレト1世のオベリスクが1本、第18王朝のアメンヘテプ3世による神殿の柱の一部などが見られるだけです。　**カイロ**

する機能が復活すると信じられていました。口開きの儀式は新王国時代になっても、王墓、私人墓に限らず、死者が来世で復活するための重要な儀式とされています。そのほかにも、王権の象徴物を戴く儀式、夜明けにおこなう儀式などがありました。

　そして、墓主が唱えるものは、死後の世界にあって、死者に危害を加えるもの（大蛇アアペプやサソリなど）を避け、守護を求める呪文のような文書でした。こうした死者への守護は、現世の日常生活における古くからの注意事項と共通のものです。死後に王が身につける（天へと）飛ぶ力についてのこ

ともあります。死後の必需品として、灯り、階段、梯子などについてもおよんでいます。王は守護を神に願うだけでなく、ときには命じてかなえる立場にもなれたようです。

　こうしてピラミッド・テキストが施されたことで、王の来世は保証されると信じられたのでしょうが、肉体を離れた王の魂（アク）は天に向かって無事に昇り、地平線に沈むことのない北天の星々とともに存在するとされたり、太陽神ラーとともに舟に乗って日毎、永遠に航海するとされるなど、死後の王の在り方はひとつではありませんでした。

　ジェセル王のピラミッドの葬祭神殿が北側に設けられていたのは、北天の星の信仰によるものでしょう。その後、第4王朝のスネフェル王のピラミッドから、葬祭神殿が東側に設けられるようになったのはヘリオポリスの太陽信仰、つまり太陽神を奉る神官たちの力が大きくなったからでしょう。経文の作成には、太陽神ラーに仕える神官たちがかかわったと考えられていますが、テキストでは、そうして信仰の形が変わっても古くからのものも新興のものも合わせて、すべてを取り込んでいるのです。抜かりのないように、慎重を期して経文を選んだということでしょう。後の時代に書かれたピラミッド・テキストでは、王と北天の星々がともに太陽神の舟に乗って操船するという内容のものまで書かれています（469章）。

　ほかにも南天の星で、地平線に沈み、現れることを繰り返すサフ（オリオン座の三つ星）とともに天を旅する、またはオシリス神と冥界を旅するなどの来世も記されています。神とともに、あるいは王自身が神として天にあって再生復活を繰り返す来世もあれば、王が落ち着く先として、病気も死も、飢えることも渇くこともない永遠の楽園イアル（アアル）野のことも記されています。供物の野、ヤマイヌの湖、渦巻く水路なども重要な場所としてあったようです。

　このように、この時代は死者が向かう冥界、来世で落ち着く楽園的な場所のイメージは多様で、あいまいで、行わなければならないことに関心が高かったようです。

ペピ 1 世のピラミッド・テキスト
ピラミッド・テキストの発見は 1880 年、ペピ 1 世のピラミッドにおいてです。ペピ 1 世のピラミッド・
テキストは 2263 行におよび、その内容がもっとも多様で、研究の基本とされています。
古王国時代第 6 王朝、前 2300 年頃、イムヘテプ博物館（サッカラ）[CG 1705]

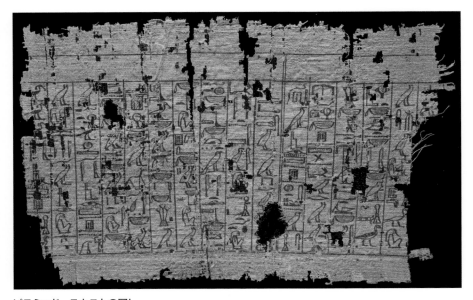

ピラミッド・テキストの写し
中王国時代には、パピルスに写され、私人墓に納められるようになりました。これは 690 章の一部です。
中王国時代第 12 王朝、イムヘテプ博物館（サッカラ）[SQFAMS359]

古代エジプト人の魂

　人が亡くなると肉体は反応せず、動かなくなってしまいます。人びとは肉体の死について理解できるところはあるものの、その人の人格、その人の思考をともなう霊的なもの、執念のような力のある思いなどは、感じたり、感じようと努めたりするところがあります。古代エジプト人も、肉体の死を迎えた人のことに思いを巡らせ、再生すると信じた人がどのように構成されているか考えたのでした。ただ残念ながらその考えを、私たちは充分に理解することができません。

⬡ 肉体（ケト）

△｜肉体は生前の肉体のようすを保ち、防腐のためにミイラ化の処置が施され、保存されました。この肉体が再生、復活に必要だと考えられていたのです。全身を完全な状態で保存することが求められ、眼孔が落ち込まないように詰め物がされたり、黒曜石や水晶などで義眼を入れたり、指などの壊れやすい部分は金の指サックをするなどさまざまな工夫がなされました。ミイラ作りは慣習となり、時代が下がるにつれて、庶民でもミイラ化されるようになり、「目覚めさせる儀式」「口開きの儀式」などの葬祭儀式が施されました。

ホル王のカァ像
第1中間期第13王朝、前1780年頃、カイロ・エジプト博物館［JE 30948］

センネジェムと妻イイネフェルティのバァ
新王国時代第19王朝、前1250年頃、センネジェムの棺、カイロ・エジプト博物館［JE 27301］

ミイラとバァ
新王国時代第19王朝、前1250年頃、ネフェルレンペトの墓（ルクソール西岸）［TT178］

カア

死者の生き写しのような魂だったようです。クヌム神が人を創造する場面を描いた浮き彫りなどでは、肉体とカァの2体があらわされていたり、2体の像が双子のように並ぶ彫像も残されています。墓に納められる死者の彫像、壁画や浮き彫りなどはカァとして残されたのでした。カァはしばしば両腕で表現され、ときに像の頭上に両腕をいただいたものも見られます。生命力、活力であり、供えられる飲食物によって支えられていると信じられていましたが、それは実物でなくとも、墓の壁の文字による供物一覧、壁画や浮き彫りによる供物、模型の供物などでも効果があるとされていました。

バァ

亡くなった人物の人格、本質、個性のような存在だったようです。頭部をもった鳥のイメージ、アフリカハゲコウの文字であらわされました。墓や礼拝堂の偽扉を通じて来世と現世を往き来し、供えられた飲食物を食べるなど、死者の気質、性癖のままに行動すると信じられていました。
このバァが死後の世界でカァと合体することでアク「祝福されし者」として冥界で永遠に暮らすことができたのです。ヒエログリフではアフリカハゲコウ、牡ヒツジがもちいられます。ゆえに冥界（夜）ではバァは羊頭の姿であらわされることがあります。

シュウト（影）　墓の礼拝堂から姿をあらわしたようすです。
新王国時代第19王朝、前1250年頃、ネブエンマアトの墓（ルクソール西岸）[TT219]

アク

冥界の楽園イアル（アアル）においてカァとバァが合体し、「祝福されし者」として永遠、不滅の存在になったものです。ヒエログリフではホオアカトキであらわされます。
私たちはご先祖様に手を合わせ、願い事をすれば助けてくれるように思うように、古代エジプトでもオシリスとなった先祖に願い事をすれば、関係する神や精霊にはたらきかけて助けてくれると信じられていたようです。ただ、先祖への供養をないがしろにするようなことがあると死者がさまよい現れて（幽霊、p.66）、バチがあてられると信じられていたようです。バチとは病や不幸などでした。

シュウト

影のない人は存在しないと思われていました。影もその人の要素のひとつと考えることは不思議ではありません。「影踏み鬼」のように、影を意識する遊びを経験した人も少なくないのではないでしょうか。黒く塗られた人の形として表現されました。右の文字は省略した形です。

名前（レン）

王名が「終わりのない輪」のカルトゥーシュで囲まれたように、名前が残ることでその人の為人（ひととなり）、業績などがいつまでも伝えられ、存在し続けると思われていました。「名を残す」行為に、当時の人びとが熱心だったことは、多くの遺物からもうかがえます。存在を否定された人物の名前は削られることがたびたびありました。

名前を削られた王の棺
新王国時代第18王朝、
カイロ・エジプト博物館 [JE 39627]

ウナスのピラミッド・テキスト 213 - 219 章に見られるオシリス神の称号

オシリス神をあらわすヒエログリフは「眼」と「玉座」の文字を組み合わせたもので、主に右のようにつづられることがあります。右端はウナス王の名前にオシリスの称号が添えられ、冥界の王オシリスとなったことがあらわされています。後世には「故人」をあらわす称号として庶民の間でももちいられるようになります。

ピラミッド・テキストとオシリス

　ピラミッド・テキストでは、亡くなった王が「オシリス」と呼びかけられていることも注目されます。この時代には、太陽神ラーの存在感が大きいのですが、後世の「死者の書」ではオシリスは死者の最高神として庶民にまで広く信仰される神になります。

　伝説によると、オシリスは伝説の名君でした。弟にセト、妹にイシスとネフティスがいました。オシリスはイシスを妻にし、セトはネフティスを妻にしました。オシリスとイシスの間には、息子ホルスが生まれています。前述

ウナス王のピラミッド内部の天井
星が一面に描かれ、夜、冥界をイメージするものとされています。赤線の四角いマス目は、職人が星を均一に描くための補助線です。

しましたが、ホルスは太陽神ラーの息子でもあるのです。

　あるとき、オシリスはセトによって卑怯なやりかたで殺され、その遺体はバラバラにされてエジプト全土に撒かれました。今日、アブシールという地名がエジプトにいくつかありますが、それは古代名のペル・ウシル（「オシリスの家」の意）、コプト語のブシリに由来するアラビア語のアブ・ウシル（オシリス）で、それぞれでオシリスの肉体が見つかったという伝説に由来すると言われています。

　この事態に、イシスはオシリスの肉体を探し集め（ミイラ化し）、呪術によって再生させました。後世、オシリスが身体に密着した白い衣装を身につけてあらわされるのは、このときの姿をイメージしたのです。

　復活したオシリスは冥界の王として、現世の王位はホルスが継承するはずでしたが、ここでまたセトが奪ってしまいます。ホルスは正当な王位継承をおこなうべく、父の仇であるセトを討たねばならなくなり、左眼を失うなどの傷を負いながらもこれを成し遂げ、王位に就くことができました。

　つまりこの神話は、王は亡くなると、ミイラ化の処置がされることで来世でオシリスとなり、王位を継ぐ者、王位にある者は、この世に現れたホルスの姿ということを示しており、古代エジプトの宗教の根本と言えるものなのです。後世、ピラミッド・テキストが形を変えて「コフィン・テキスト（棺柩文）」、「日のもとに現れる（ための書）」（死者の書）として庶民化していくのですが、オシリス神話は受け継がれ、オシリスとなる特権は王だけのものではなく、庶民にまで広まっていくのです。

ウナス王のピラミッド・テキスト

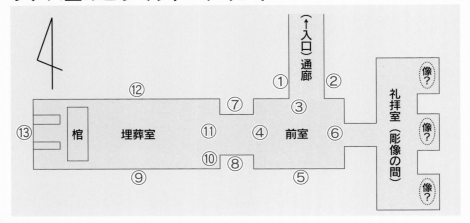

①前室入口の通廊の西壁：313-317 章
ウナスはホルス（ハヤブサ）のように滑空します（313 章）。またウナスを、再び取り戻した性的な力、繁殖の力を暗示するヒヒや最高の牡ウシであるともしています。ヒヒのなかの 1 頭である王は日の出を崇拝する姿勢をとるともあります（315-316 章）。さらにウナスはナイルの増水のときにあらわれるソベク（ワニ）です。太陽光線のなかの偉大な女神の腿と尾からあらわれ、緑色の羽毛、端正な顔立ちをしています。彼は地平線の緑の牧草地がある平和の場所にやって来ました。ウナスは地平線の 2 つの岸を緑豊かな耕地にし、繁殖させます（317 章）。

②前室入口の通廊の東壁：318-321 章
ウナスは 7 匹のウラエウス（コブラ）を飲み込むと、7 つの首の椎骨が生まれました。彼は没薬（ミルラ）を飲みます。彼は没薬を摂ります。彼の爪は没薬で満ちています。神々の権力を得ます（318 章）。
牡ウシであるウナスはラピスラズリのような鉱物資源を豊かにし、植物を繁茂させます。天を統一し、全土におわす神々を治め、都市をおこしていきます（319 章）。
ウナスは夜を統制し、星を天に送りました。ウナスは夜の主です（320 章）。
ウナスが天に昇れるようオシリスに捧げられた供物をウナスにわたしなさい。ウナスは天にある太陽神ラーの守護として活躍することでしょう（321 章）。

《※前室には、主に天に向かうウナスと来世で出会う神々のことが記されています。》
③前室の北壁：302-312 章
ホルス（ハヤブサ）であるウナスが天に昇れるよう、シリウスや道を開ける者たちが助けます。天の神ヌウトは腕の覆いをはずします。東西南北の神々は彼の上昇のためにアシの浮きを用意します（302-303 章）。天に昇るウナスのために、はしごが設けられます（304 章）。はしごはラー神によって結ばれ、さまざまな神が天に昇るウナスを助けます（305-306 章）。
ウナスは（太陽神ラーの聖地）ヘリオポリスの生まれだとしています。ウナスはヘリオポリスから牡ウシとして緑の耕地にやって来て豊穣をもたらせるのです（307 章）。
ウナスが太陽神の舟に同乗することになりました。ウナスはその航行を守護します。多くの神がそれを讃えます（308-311 章）。

④前室の西壁上部：247-253 章、下部：254-258, 260 章
《ウナスの天への上昇が続きます》豊穣、害悪の排除、社会秩序などをもたらせるウナスの偉大さを神々さえも讃える内容が続きます。太陽神ラー、天の神ヌウト、大気の神シュウがウナスの手を取り、天に

引き上げます（247-253章）。
豊かさをもたらせるウナスを受け入れる体制を整える準備がなされます。そうする中でウナスは擬人化された西の女神に迎えられ、「供物の野」に導かれます。彼に敵対する悪は根絶されました（254章）。
ウナスであるホルスは、大地の神ゲブや創造神アトゥムの力を受け継ぎ、傷ついた眼も癒え、その力は回復して最強の状態になりました（256章）。ウナスはすべてのものの主人の地位に着き、天をも支配しました。ウナスは平穏に進み、西で生きて東の地平線でふたたび輝きます（257章）。
ウナスは砂嵐へと進みます。ホルスの眼で浄化され、傷は癒えました。ウナスは風の中を天に向かいますが、誰も邪魔するものなどありません（258章）。
《260章は南壁へと続きます》

⑤前室の南壁：260-272章
ウナスはマアト（正義、真理、秩序）の守護者として審判をし、争う者を罰します（260章）。
ウナスは稲妻と同一視され、天の果てまで届きます。天の覆いの東に立って、天に昇ってくるものは彼にもたらされます。それは嵐のメッセージです（261章）。神々にウナスへの見守りを願ったことで、彼は危険な場所を通り過ぎ、天の高みにいたることができました（262章）。

誤字の修正

天には彼のために2つのアシの浮きが置かれています。彼はラーであり地平線のホルスです。ウナスは地平線の東に渡って来ます。彼の妹はシリウスで、冥界が彼を生み出しました（263章）。彼は香の煙に乗って昇ります。彼はガチョウとなって飛び、天の聖船のラーの席に飛び降ります（267章）。ウナスはエジプト王となります。エジプト（2国）は光り輝き、神々が顔をあらわします（268章）。神々はウナスを愛します。ウナスの土地は永遠に渇望することはないでしょう（269章）。ウナスが天の船乗りだったことが思い出されます（270章）。彼は神々を運ぶものなのです（270章）。ウナスはナイルのように大地に増水をもたらし、生ける者に富を与えます（271章）。ウナスはヌン（原初の水）の門に居ます。この門を彼のために開けましょう（272章）。

⑥前室の東壁上部：273-276章、下部：277-301章
太古の時代に食人の風習があったらしいことがうかがえる記述があります。経験豊かな知恵をたくわえた長老を食べることで、それを取り込むことができると考えられていたのです（273-274章）。
冥界を進むウナスの邪魔をするもの、害するヘビやムカデ、虫などから守護する呪文が連ねられ、ウナスに恵みがあるようにされています（277-301章）。

⑦前室と埋葬室の間の北壁：199, 32, 23, 25, 200章
ウナスがパンを受け取れるようにする呪文です（199章）。ホルスであるウナスに眼がもたらされます（32章）。オシリスよ、ウナスを憎む者、名前をけなす者を捕まえてください（23章）。（ふたたび）ホルスの眼がもたらされることが記されています（25章）。芳醇な香とホルスの眼のすばらしさを讃えます（200章）。

49

ピラミッド・テキスト 273 章 （地震と食人の部分）

「ウナス、私は人びとを食べ神々を糧として生きる者である」

「私は彼らの魔力を食べ、彼らの有益なものを飲み込む」

ゲブ
gb
曇る

ペト
pt
天

イヒィ
ihy
暗くなる

セバァウ
sbrw
星々

ネムネム
nmnm
揺れ動く

ペジュウト
pdwt
（天の）アーチ

セダア
sdt
震える

ケスウ
ksw
骨

アケルウ
3krw
大地

ピィ
pi
これは～です

ウェネム
wnm 食べる

レメチュ
rmt
人びと

アンク（エ）ム
nḫ m
によって生きる

ネチェルウ
ntrw
神々

ネブ *nb* 主人

ウェネム
wnm 食べる

ヘカァ
hkȝ
魔力

セン イ
sn i
彼らの　私は

アム
ʿm
飲み込む

アクウ
ihrw
有益なもの

セン
sn
彼らの

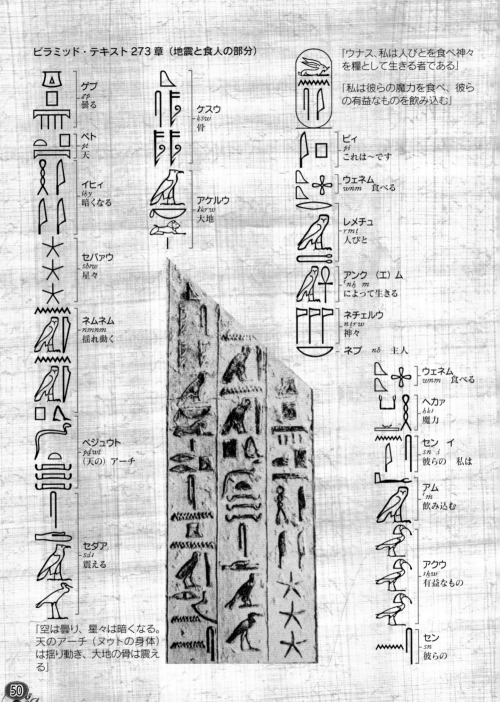

「空は曇り、星々は暗くなる。天のアーチ（ヌゥトの身体）は揺り動き、大地の骨は震える」

50

棺を囲む壁の装飾

⑧前室と埋葬室の間の南壁：244-246 章

ウナスが赤い壺2つを壊す儀式をおこないます。死者を害する敵を撲滅することを目的とした儀式です（244 章）。聖なるハヤブサの魔術の力は偉大で、天の星の間に彼の居場所を設けます（245 章）。天の女神ヌゥトによって擬人化された棺と王が出会うと、王は棺の中に入ります。ウナスは豊饒の神ミンとして顕れ、神々に恐れられ崇拝されるのです（246 章）。

⑨埋葬室の南壁：213-219 章
⑩埋葬室の東壁下部：219-224 章

《南壁から東壁へと続いています》ウナスが冥界の王オシリスへ変身すること、創造神アトゥムに守護されていることが描写されています。浄化されて冥界から復活するのです。ウナスは再生復活の栄誉を授けることもできれば、害悪になるものはそうさせない権力もあります（213 ～ 219 章）。この場面にたどり着くと、ラー・アトゥム神がウナスを彼の腕の中に置いて言います。「彼自身がオシリス（＝死）に屈することはありません」と。ウナスの仲間たちはすべて神々で、ウナスは死んでおらず、復活することを知っています。彼はすべての神にとっての創造神アトゥムなのです。彼に敵対するセト神に敗れることはありません。ウナスは太陽神とともに天に昇り、やがて擬人化された西の女神と会い、ヌゥト女神に迎えられます。そしてここの文書では夕方の船としてネフティス女神が彼の前に顕れます（220、221, 222 章）。彼には王権を象徴するすべての冠の供物が捧げられます（224 章）。

⑪埋葬室の東壁上部：204-207, 209-212 章

王が飢えたり喉が渇かないように食糧を供給することを目的とした一連の文章です。

⑫埋葬室の北壁上段：23, 25, 32, 34-42, 32, 43-57 章
中段：72-79, 81, 25, 32, 82-96, 108-116 章
下段：117-171 章

《23, 25, 32 章は⑦の壁と同じです》父オシリスが弟神セトに殺され、息子であるホルスはセトとの闘いで片眼を失います。ここでは主にその眼の出現をあつかう儀式についての文書が書かれています。さらに、短い文書で死者へのさまざまな供物についてのことが象徴的にあらわされています。

⑬埋葬室の西壁上部：226-243 章

毒のあるヘビの害に対する一連の呪文が続きます。ウナスは様々なステージを経て、すべてのことを達成します、そして「神々は彼の創造主とひとつになる」のです。ただし、ここではある特別な場面を通ったり近づいたりすると、その場面の擬人化した者が、邪魔者、有害な者として現れることに対して注意をうながしてきます。

コフィン・テキスト

セビ（3世）の棺のコフィン・テキストの一部
上段には、彩色されたヒエログリフで供養文、次は来世で確実に得られるよう供物の絵とその数が書かれています。その下がコフィン・テキストです。
中王国時代第 12 王朝、前 1990-1785 年、デイル・アル＝ベルシャ出土
カイロ・エジプト博物館［JE 32868, CG 28083］

絶対的な王権が弱体化し、混乱の第1中間期を経たピラミッド・テキスト
は、中王国時代として国家が統一されると、形を変えて州候（古くからの地
元の有力者）、役人など、地位のある人びとの棺（木製）に書かれるように
なりました。それが「コフィン・テキスト」、日本語で訳されて「棺柩文」と
よばれています。棺柩とされていますが、パピルス、死者の内臓を収めたカ
ノプス容器、ミイラのマスク、墓の壁、彫像などに書かれることがありました。

　この時代には、古王国時代末期の政情が続く形で、州候たちがそれぞれの
地域で権力を誇っていました。そして、来世への復活を神に願うことの特権
も王だけのものではなくなり、ピラミッドの内部に書かれていた葬祭文書の
内容が神官を通じて各地に広まっていったのです。

　コフィン・テキストの研究は、1935年から1961年にかけて、ライデン
大学（オランダ）のバク Adriaan de Buck が著した7巻からなる "The Egyptian
Coffin"（2006年にアレン James P. Allen によって8巻目が加えられた）が基本となっ
ています。それによってコフィン・テキストの文章は（およそ）1185の章（spell
とあるので「呪文」と訳されて紹介されることが多い）に分けられているので
すが、これはのちの「日のもとに現れる（ための書）」（死者の書）が200に
満たない章の数であることと比べるととても多いのです。

［上、右］グアの棺
死者が棺のなかからでも外が見えるように、棺の片面の内側と外側には眼が描かれています。内側（右）
の四面には、供物、副葬品の絵、コフィン・テキストが書かれています。これは内側の棺で、一回り大
きな外側の棺（EA 30839）の底には「2本の道の書」が描かれています。
中王国時代第12王朝、前2300年頃、デイル・アル＝ベルシャ出土、大英博物館 [EA 30840]

54

そのもっとも大きな理由が、地域限定の文書、個々人だけの文章が多いということです。文書そのものはピラミッド・テキストが素地となっているために、古い言い回し（古期エジプト語）がそのまま採り入れられつつ、中期エジプト語でまとめられており、文字については地域性は見られないのですが、中王国時代には神官たちもその地域だけの神殿で活動することが多く、古王国時代に全国規模で伝わっていたピラミッド・テキストをもとに独自の判断で文章を創作していたということでしょう。単語の綴り方（送り仮名やふり仮名、組み方）などにも、文字を教える立場にあった神官の個性などがそのまま伝承されていく傾向にあったようです。

　今日、コフィン・テキストについて、わかりやすく解説するものが少ないのは、こうした事情から一般的なまとめかたができないからなのです。

　ひとくくりにして言えることは、以下のようなことでしょうか。

　文章の多くがピラミッド・テキストと同じように縦書きで、ヒエログリフ、ヒエログリフの崩し字、あるいはヒエラティック（通称：神官文字）が使われていることです。基本的に章の題名は文頭に書かれますが、例外では最後に置かれることもあります。

　文章には黒色の顔料がもちいられましたが、強調したい部分や区切りを示すために赤色を用いることもありました。来世の楽園ロセタァウ（ラァセチャ

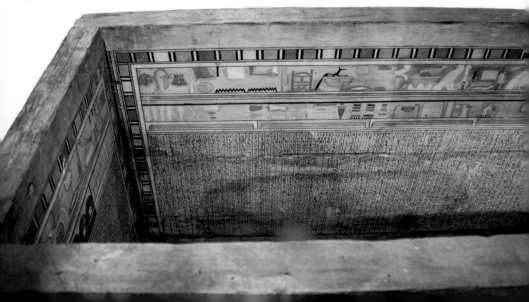

デイル・アル＝ベルシャ
大きなワディ（涸れ川）の両側の高い位置が岩窟墓に利用されています。良質の石灰岩の地層から石材が切り出された跡が遠くに見られます。

ウ）ではオシリス神のもとで2度と死の苦しみにあうことはないという内容の1087章は、全文が赤インクで書かれることもありました。

　ピラミッド・テキストから継続しているおもな内容は、死後、死者にとって有害なもの、危険なものから保護する、避ける、飢えや渇きで苦しむことのないよう飲食物が常に満たされていたり、得られるようにする、衣服、装身具、枕など身の回りの品も不自由しないようにするなどがあります。また、来世の楽園では、死者は農作業などの労働をしなくてはならないのですが、それを代行する人形ウシャブティについて書かれた472章もあります。

　268〜295章は変身、変容についてです。古王国時代には王が鳥に姿を変えて天に昇り、ときに290章にあるように、死者が望めば、幼児にもなれる、あらゆる神にも変身することができるというものもあります。そのほか、火や空気、穀物、ワニなどへの変身もできるとあります。そして中王国時代には、この変身、変容の護符としてスカラベ（フンコロガシ）が装身具や副葬品として好まれるようになりました。「変化」のことはヒエログリフでケペ

56

ネヘリの墓
ほとんどが破壊されています。墓室への入口の左に偽扉の跡が見えます。天井には、後の「日のもとに現れる（ための書）」（死者の書）に通じる葬祭文書が残されています。中央の棺を納めた竪坑の壁には作業用の足掛が穿たれています。　**中王国時代第 12 王朝、前 2300 年頃、デイル・アル＝ベルシャ［7 号墓］**

ルと書きあらわします。そのとき表音文字としてですが、書かれる文字がスカラベ だからです。太陽の運行を助けるイメージ、日の出の太陽のイメージに重ねられたスカラベとは、また別です。

2 本の道の書

　アシュムネイン（エル＝アシュムネイン）は、グレコ・ローマン時代にはヘルモポリス、古代にはケメヌゥとよばれていた中部エジプトの地方都市です。「2 本の道の書」は、その墓地、デイル・アル＝ベルシャから出土する有力者の棺の底板に書かれたコフィン・テキストのひとつです。

　限られた地域の文章であるにもかかわらず注視されているのは、死後（あるいは日没後）、来世の楽園に至るまでの過程のイメージが図像化されていることです。ちなみに 2 本の道とは、多くが陸路と水路のことです。

　「2 本の道の書」も、古い時代のものと新しいもの、記述にかかわった神官によって、行程、最終到達地に違いがあります。そしてその分類、研究は

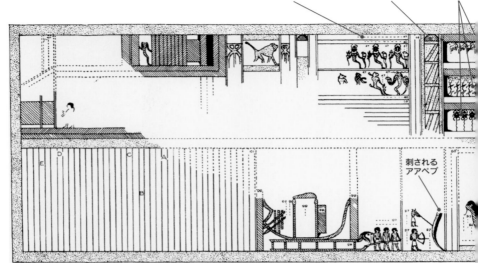

ロセタァウへの道　ロセタァウについて　見守るものたち

刺される
アアペプ

Piankoff, A., Jacquet-Gordon, H. "The wandering of the soul", 1974 より

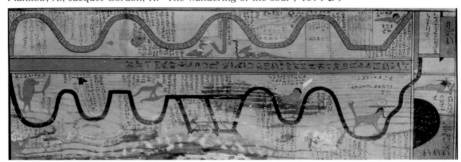

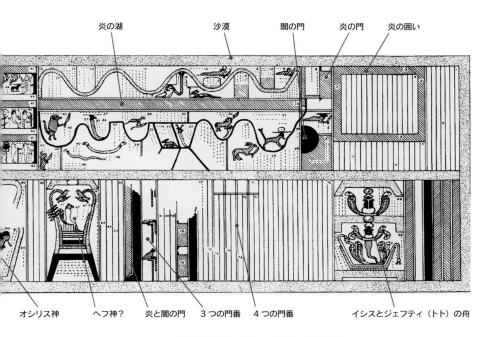

炎の湖　　　　　　沙漠　　　　闇の門　　炎の門　　炎の囲い

オシリス神　　ヘフ神？　炎と闇の門　3つの門番　4つの門番　　　イシスとジェフティ（トト）の舟

セビ（3世）の棺の「2本の道の書」
中王国時代第 12 王朝、前 1990-1785 年、デイル・アル＝ベルシャ出土
カイロ・エジプト博物館 ［JE 32868, CG 28083］

途上にあって、ここでは確定したものとして紹介できません。明らかになって
きたことだけをまとめてみましょう。
　まずひとつは、死者は太陽神の舟の同乗者（あるいは操船者）としてオシ
リス神のもとにたどり着くことを目指すものです。ここに行くまでに死者は、
いくつかの関門（数はまちまち）を通過するのですが、その関門、道や水路
が曲がっているところなどを守る番人（ナイフを持った動物の姿が多い）の名
前を知らなければなりませんでした。
　棺によっては、昼間は太陽神の舟で、夜は月の神ジェフティ（トト）神の
舟で移動するというものもあります。この行程を邪魔するものとして大蛇ア
アペプ（アポピス）も、この「2本の道の書」で登場してきました。オシリ
ス神のもと、というのも、西の彼方にあるロセタァウ（ラァセチャウ）、「供
物の野」、楽園「イアル（アアル）野」のように具体的にイメージされたも
のもあります。

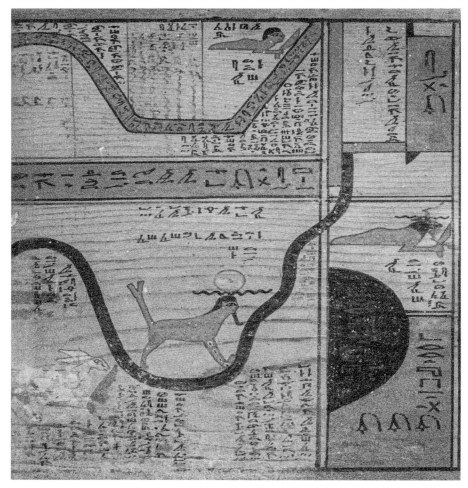

炎の門、闇の門と道の曲がりの番人たち
右上が赤く塗られた炎の門、左側の水路のはじまり、道が曲がっている場所にナイフを持って守護している精霊たちがいると考えられていました。この道をどう進むと考えていたのかは、諸説あってわかっていません。ヒエログリフも難解です。

　そして別の目的地として、太陽神ラーのもとを目指すものがありました。天界の月の神ジェフティ神のもとで星になって永遠にあり続けるというものもありました。さらには、ジェフティ神のところに行くことができる者が必

要とする文書、その次のオシリス神
のもとに行くのに必要とする文書、
最後に太陽神ラーのもとで2度と
死ぬことなく存在し続けるために
会得すべきすべての文書というよ
うに、会得した文書のレベルによっ
てたどり着ける場所が異なるとい
うものもありました。「2本の道の
書」は整理されていくにしたがっ
て、オシリス神よりもラー神のほう
を上位のものとする傾向がしだい
に強くなったと考えられています。
そこにそれぞれの神を立てる神官
たちが、どのような動きをしたの
かはわかっていません。

道の曲がりの番人たち
ハリネズミの上半身にネコ科動物の下半身を合わせ
たもの、双方に頭があって尾のない白ヘビなど、架
空の動物が要所を守っています。

　新王国時代には、日没後の太陽神のようすは「アム・ドゥアトの書」「門
の書」などで、その行程のイメージは様式化され、王墓にあらわされるよう
になります。また庶民は「日のもとに現れる（ための書）」でオシリス神の
裁判を経て、来世の楽園イアル（アアル）野で永遠に暮らすと信じられるよ
うになるのです。

　ここに「2本の道の書」の文書、あるいはこの文書の原典を管理していた
神官たちが、新王国時代の宗教文書の成立に影響したことは充分に考えられ
ます。

　ちなみに、アシュムネインの古代名ケメヌゥの意味は「8の町」で、この
場合の「8」は創世神話で男神と女神の2柱の組が4組で8柱だからです。
その中に、12王朝から王家が信奉するようになったアメン神（女神はアメネ
ト）、その神官たちがいたことも、この地方の葬祭文書が新王国時代に影響
したのかもしれません。

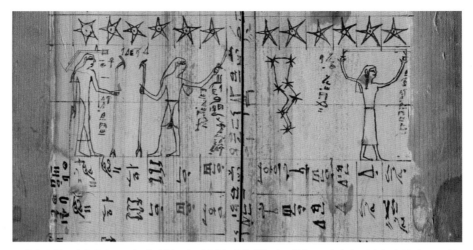

ヘカタの棺 左からセペデト（シリウス）、振り向く男（サフ）、牡ウシのもも肉の星座（メセケティウ）、天の女神ヌゥトが描かれています。
中王国時代第 12 王朝、前 1990-1785 年、アスワン出土、ヌビア博物館（アスワン）[CG 28127]

星時計が書かれた棺

　ヘルモポリスから約 80km 南のアシュート（ジャウティ）、ルクソール（ワセト）周辺、アスワンからは蓋の内側に星の名前が書かれた棺が発見されています。ナイルの増水はシリウスが日の出直前に東の空に昇るヒライアカル・ライジングの時分から、ということは古くから知られており、増水の現象を早くに知ることができる上エジプトの神殿では熱心に天体観測がおこなわれていました。その観測にあたって、ほかの星々に何らかの特徴ある形を見いだし、グループに分けていったことは不思議ではありません。そうした情報は実用的なものだっただけに、広く共有されていたのでしょう。

　棺には日没から日の出までの星々が表にして書かれており、夜の 12 時間にこれらの星が割り当てられているとすると、ナクトの棺（64 ページ）のように 1 つが 40 分に相当することになります。別の例では 60 分に相当するものもあり、これも確定する途上にあったのでしょう。ただし、これらの星が私たちが目にする星々のどれに相当するかはわかりません。こののち、メソポタミア地方の天文の知識を参考にするなどしたのでしょう、新王国時代に

は1日24時間、36のデカン（星の集まり、星座）にまで、これらの星々も整理され、あらわされるようになりました（後編108ページ）。

　特徴的なのは、天の女神ヌゥト（星々はヌゥト女神の身体を移動すると考えられていた）、メセケティウ（今日の北斗七星）はウシの脚、シリウスとサフ（今日のオリオン座の三つ星）は擬人化されてあらわされたことです。メセケティウは北天で、サフは南天で、シリウスは全天の星のなかでももっとも明るく、わかりやすかったのでしょう。これらの姿は新王国時代にもそのまま受け継がれました。今日、都会の空でも、私たちはこれらの星は容易に見つけることができますね。

オリオン座

シリウス

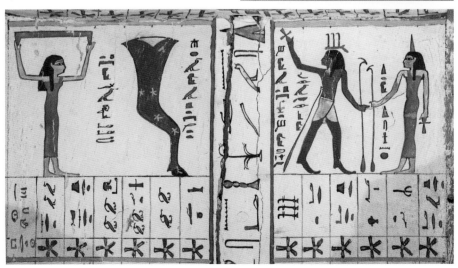

ナクトの棺　左から天の女神ヌゥト、ウシのもも肉の星座（メセケティウ）、振り向く男（サフ）、セペデト（シリウス）が描かれています。[次ページ参照]

ナクトの棺

中王国時代第 11 王朝、前 2020 年頃、約 191 cm、アシュート出土、
レーマー・ペリツェウス博物館（ヒルデスハイム）[PM5999]

④

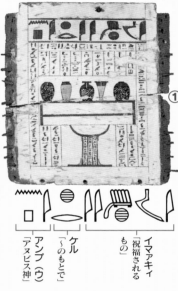

①

②

イマアキイ
「祝福される
もの」

ケル
「〜のもとで」

アンプ（ウ）
「アヌビス神」

フウトヘル
「ハトホル女神」

③ a

③ b

棺の外側には簡単な文章しかありませんが、内側には全面に装飾が施されていて、星時計、来世も備えていたい生活必需品、供物リスト、そしてコフィン・テキストが書かれています。

①頭側の板には枕、軟膏などの石製容器（あるいは石模様に彩色された容器）とそれらが入った木箱が描かれています。その上のヒエログリフの文章（大きな横書きの文字）から、これらの物を使うことで、死者はアヌビス（アンプウ）神のもとに迎えられることがわかります。
ほかの小さな縦書きの文字はコフィン・テキストの 866 章で、地平線の危険な水域を乗り越えるために必要な知識、情報が記されています。

②足側の板には中庭に穀物用の倉庫がある邸宅と 2 組のサンダルが描かれています。この面は死者がハトホル（フゥト・ヘル）女神にも迎えられることになっています。コフィン・テキストの 481 章が、故人を冥界において危害を加えるものから守るとされています。

③ a この側面は東向きになっていました。ちょうど頭部のあたりには、偽扉と両眼が描かれています。この部分の外側には大きな両眼が浮き彫りされており、外界（太陽神ラーをはじめとする神々、楽園の野のよう）を見ることができ、偽扉を通じて魂バァが出入りできるようになっています。
側面には、このほかに飲食物、装飾品、この向かい側（③ b）には 120 種類の供物リストが記されています。これら側面のコフィン・テキストは、創造神ラー・アトゥム神に向けられた 252 〜 258 章、261 章です。

④棺の蓋の内側には星時計（夜の時間を 40 分ごとに区切っている）と、この時代に考えられた牡牛のもも肉の星座（メセケティウ）、セペデト（シリウス）、振り向く男（サフ）が描かれています。

幽霊の物語

[冒頭部分は失われています]

　無名の男がテーベ（ルクソール西岸）の墓地の、とある墓の横で夜を過ごすことになりました。その夜、男はそこに住み着いている幽霊に起こされたというのです。彼は、高位のアメン神官であるコンスエムヘブのもとへ行き、その出来事を語ったことには・・・という話の展開がうかがえます。

　残っている物語は、話を聞いたコンスエムヘブが幽霊を呼び寄せるため、自宅の屋根の上から天の神々、空の神々、四方の神々などに呼びかけている場面からはじまっています。

「幽霊の物語」オストラコン
新王国時代第 19-20 王朝、デイル＝アル・マディーナ出土、エジプト博物館（トリノ）[S.6619]

　「幽霊がやってくると、コンスエムヘブは名前をたずねました。すると幽霊は、自分がタムシャス（母）とアンクメン（父）の間に生まれた息子のネブセネクであると名乗ります。彼はネブセネクに何が欲しいのかをたずねたうえでそれらを用意し、彼のために新しい墓を建て、金箔張りの木棺をあつらえ、平穏に眠りにつくように説得しますが、これを幽霊が拒否したのです。コンスエムヘブは幽霊の隣に座り、太陽光の暖かさ、食料や水が絶たれている幽霊の不運や悲しみなどを共有したいと泣き叫んだのでした。

　するとようやくネブセネクの霊は彼の昔の身の上話をはじめたのです。それによると、彼はかつてのラーヘテプ王の治世、宝物庫の監督官であり、武官でした。彼が亡くなったのはメンチュヘテプ王の治世 14 年の夏でした。そのとき、カノプス容器のセット、アラバスター製の石棺が用意され、10 キュービット（1 キュービット≒ 52.5cm）の深さの竪坑が設けられた墓に納められましたが、何世紀も経つにつれて彼の墓が崩壊していき、埋葬室にまで風が入り込んでくるようになったのでした。

　ところでさらに、彼はコンスエムヘブより前に、同じような（救済の）約束をしながら結局その約束を果たさなかった者がいたことも語ったのです。（このことを聞いた）コンスエムヘブは、毎日、自分の 5 人の男の使用人と 5 人の女の召使たちに彼の墓まで供物を捧げるように申し付けると提案しましたが、幽霊はそんなの意味がないと言うのです。

メンチュヘテプ 2 世葬祭殿（中央）
中王国時代第 11 王朝、前 2020 年頃、デイル＝アル・バハリ、ルクソール西岸

[ここでテキストは切れており、次の断片はコンスエムヘブによって派遣された 3 人の男たちが幽霊にとってちょうど良い場所を探している場面ではじまります]

　彼らはやがて、理想的な場所をデイル＝アル・バハリのメンチュヘテプ 2 世葬祭殿の土手道の横、25 キュービット離れたところに見つけました。男たちはカルナクに戻り、執務しているコンスエムヘブに彼らの見つけた場所を報告します。（この報告受けた）コンスエムヘブは、喜び勇んで彼の計画をアメンの領地の代理人に報告しました。

[物語はここで終わっています]

["The Literature of Ancient Egypt" W.K.Simpson, 3rd ed., 2003, pp.112-115 を要約]

　想像できる結末は、おそらくコンスエムヘブは新たな墓を用意し、供物を絶やすことなくネブセネクの霊を満足させ、二度とさまよい出させることはなかったのでしょう。

　この物語のほかにも、一般に入手しやすいものでは、"The Literature of Ancient Egypt" に「セトネ・カーエムワセトのロマンスとミイラ」（昔の墓で被葬者の霊と書物をめぐって争う）、「亡き妻に宛てた夫の手紙」（"Letters from Ancient Egypt" Wente, E., 1990）などがあります。

―第 2 章―
死者の書
日のもとに現れるための書

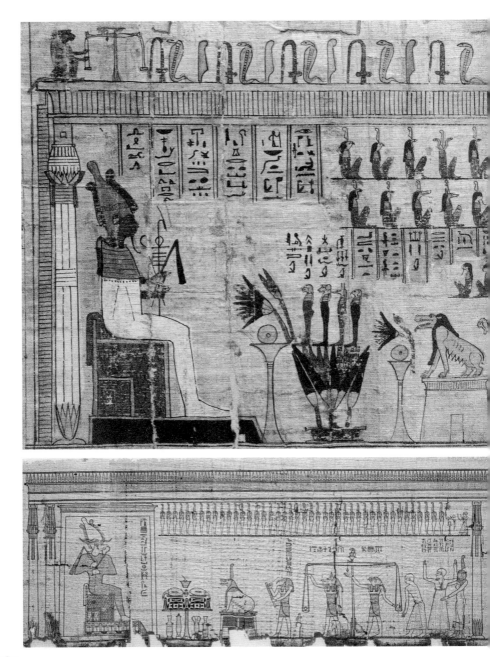

第125章　オシリスの法廷（タァイエスネケトの死者の書）

天井が柱で支えられた大きな法廷です。天井の入口部分にはマントヒヒ姿のジェフティ（トト）神が天秤を用意する象徴が描かれています。左端の扉からオシリス神が入廷して着席しています。オシリス神の前には、ロータスの花の上にホルスの4人の息子がミイラの姿で立っています（前からイメセティ、ハピ、ドゥアムテフ、ケベフセヌエフ）。

右の扉からタァイエスネケトが顔を隠しつつ、マアト女神に迎えられて入って来ています。その前ではホルス神とアヌビス神が天秤を調整して死者の心臓と真理、正義の象徴であるマアトの羽根を計っています。天秤の支柱の上にある小さな錘は情状酌量を調整するためのもののようです。そうした結果をクロトキ姿のジェフティ神が記録し、オシリス神に報告するのです。それを42柱の陪審員が見守ります。死者の心臓がマアトと等しければオシリス神が治める来世への道を進むことができますが、そうでなければジェフティ神の前にいる怪獣アメミトに心臓を食べられてしまい、死者は消滅すると信じられていました。　プトレマイオス朝時代、エジプト博物館（トリノ）[Cat.1833]

【左】（ジェセルの死者の書）

ジェセルは賞讃の姿勢で法廷に入って来ています。

プトレマイオス朝時代、カイロ・エジプト博物館 [JE 95653]

第1章、第72章、第24章（ネブケドの死者の書）
「死者の書」の扉（母と妻に付き添われ、オシリス神に供物を捧げる被葬者）に葬列の場面の挿絵がある第1章、供物が満たされるように祈る第72章、「口開きの儀式」をミイラが納められた棺の前でおこなっている第24章が、それぞれの挿絵の下にヒエログリフで書かれています。文章の大部分は黒で書かれ、章のタイトル、始めと終わりのセクション、儀式において呪文を正しくおこなうための指示、邪悪な大蛇アアペプなどの来世の楽園に向かう死者にとって危険なものの名前などは赤で書かれました。そのものの名称を知ることで、魔物などを克服する力を得ることができると考えられていたようです。
新王国時代第18王朝、前1400年頃、ルーブル美術館 [N3068]

[右] 一般的な私人墓の構造とミイラから離れて飛ぶ死者の魂バァ
人頭の鳥の姿になるとされた死者の魂バァは、偽扉（壁面や石碑にあらわされた開かずの扉）を通じて墓参に訪れた人びとが捧げてくれた供物を受け取りに来ると思われていました。写真では、バァが墓室の前の竪坑（57ページ）を降りて来ています。

葬祭文書（Funerary texts）

　英文の資料にあたっていると "funerary texts" という用語があります。日本語にすると「葬祭文書」（死者を弔うために手向けられた文書）となるのでしょう。本章で「死者の書」という表現を使っていますが、それもまた葬祭文書のひとつであり、これまでの古王国時代のピラミッド・テキスト（ピラミッド文書）、中王国時代のコフィン・テキスト（棺柩文書）も葬祭文書ということになります。

　あえてここで、文書の名称についてとりあげたのは、「死者の書」というと、多くの方がエジプトの古代の墓から発見されたパピルスに書かれた文書のことだと認識しがちだからです。古代エジプト時代の文字、神々の姿が書かれているからといって、それがすべていわゆる「死者の書」ではありません。

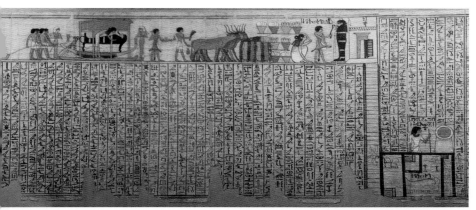

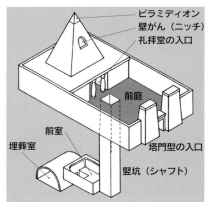

ピラミディオン
壁がん（ニッチ）
礼拝堂の入口

前庭

前室
埋葬室

塔門型の入口

竪坑（シャフト）

【下】イウヤの棺

ネブケドの書において、墓の前で「口開きの儀式（40ページ）」がおこなわれているのと同じタイプの木製の棺です。この棺はアメンヘテプ3世の王妃ティイの父親イウヤのもの。棺の蓋には銀箔が、銘帯や神々の姿は金箔が貼られています。

新王国時代第18王朝、前1400年頃、カイロ・エジプト博物館 [JE 95227]

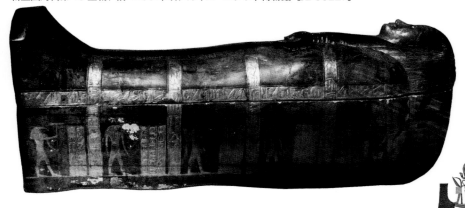

パピルスの巻物
農民の名簿。　ローマ時代、196〜198、新エジプト博物館（ベルリン）[P11642]

石製のパピルスの巻物
パピルス文書も朽ちない石製のものが墓に納められることがありました。
アウグスト・ケストナー博物館（ハノーファー）

[右] パピルス容器
木製彩色。書類ケースのはじまり。
新王国時代第18王朝、前1400年頃、ルーブル美術館 [N1319]

　通称となっている「死者の書」の名称は、1842年にプロイセン王国のエジプト学者、レプシウス Karl Richard Lepsius が "Ägyptisches Totenbuch"（エジプトの死者の書）として出版したことで、Totenbuch が英訳で Book of the Dead に、さらにそれが日本語に訳されて「死者の書」として知られるようになりました。そのパピルスは、本書でも図版としている、イタリアはトリノのエジプト博物館に所蔵されているイウエフアンク Iuefankh のものです。

　初期にはミイラの布や棺に記されていましたが、その多くが崩し字体のヒエログリフやヒエラティックでパピルスに書かれ、ミイラに添えて墓に納められたものでした。墓に多くの副葬品（財宝）が納められていることは、当時の人びととはもちろん、古代エジプト時代以後の人びとも知っており、墓を荒らす人びとは絶えませんでした。その彼らの間では死者とともに古代文字の巻物が見つかることはわかっていたことで、何らかの表現で「死者の書」のようなニュアンスでよばれていたことでしょう。それがヨーロッパに売られたときに伝わって、レプシウスの表題になったと思われます。

　このレプシウスによって紹介されたものがいわゆる「死者の書」というわけです。

第 1 章（カァの死者の書）
「死者の書」の扉と第 1 章がヒエログリフで書かれています。70 ページのネブケドのものより
も葬列の挿絵が簡易になっています。
新王国時代第 18 王朝、前 1500 年頃、エジプト博物館（トリノ）[S. 8438]

「日のもとに現れる（ための書）」（死者の書）

　古王国時代のピラミッド・テキストからおよそ 1000 年、中王国時代のコフィ
ン・テキスト（棺柩文）から 500 年ほどの時を経て、新王国時代（とくに第 18
王朝のトトメス 3 世の時代以降）になるとエジプト人の多くが来世の楽園で幸
せに、永遠に生きると信じるようになりました。そうなるための手引きとも
言える文書が、レプシウスの紹介した「死者の書」であり、その古代の正式
な名称が**（ラァ　エン）ペレト・エム・ヘルウ「日のもとに
現れる（ための書）」**です（ただし本書では、以下、基本的に「死
者の書」とします）。

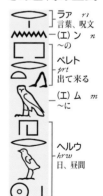

		ラァ	*rꜣ*
		言葉、呪文	
		(エ)ン	*n*
		〜の	
		ペレト	
		prt	
		出て来る	
		(エ)ム	*m*
		〜に	
		ヘルウ	
		hrw	
		日、昼間	

　ちなみに王墓の壁画では、次の章で紹介しますアム・ドゥ
アト（冥界にあるものの書）、太陽神ラーの讃歌（太陽神ラー
への連祷）が壁画に描かれるようになり、王墓独特の冥界の
イメージが展開されていきます。第 18 王朝では、宗教改革
をおこしたアクエンアテンの時代には「死者の書」の副葬
も途絶えますが、トゥトアンクアメンの遺物にふたたび現
れ、第 19 王朝から第 21 王朝にかけてさかんに書かれるようになりました。
世界各地の博物館で目にする「死者の書」の多くはこの時代のものです。

　以降、第 3 中間期にも、一時、中断しますが末期王朝時代になって、後述

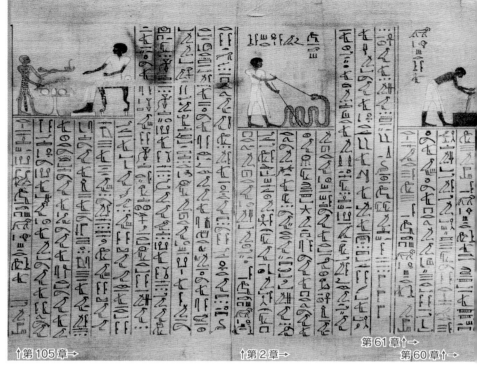

↑第105章→   ↑第2章→   第61章↑→   第60章↑→

マアイヘルペリィの死者の書（部分）

各章のはじまりの1節が赤字で書かれています（各章の要約は81ページ以降で紹介しています）。

それぞれの章には関係する絵が添えられ、墓主「マアイヘルペリィ」の名前と「ケレド（エ）ン　カアブ（王侯貴族の養育施設の子）」の肩書きが記されています。名前などのつづり方は、右記の名前の例のように縦書きや横書き、空きの大きさによって複数種類あります。

新王国時代第18王朝、前1430年頃、カイロ・エジプト博物館［CG 25095］

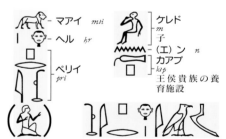

- マアイ　*m3i*
- ヘル　*hr*
- ペリィ　*pri*

- ケレド　*m* 子
- （エ）ン　*n*
- カアブ　*k3p* 王侯貴族の養育施設

するアム・ドゥアトと組み合わされたりしてローマ時代までつくられるようになります。

　中王国時代が王位後継者が絶えたことで終わり、西アジアからの異民族集団ヒクソスがエジプトを大きく支配した第2中間期以降、死者の書はまとめられていきました。それまでのコフィン・テキストには、（およそ）1185の章

↑第56章→ 　　↑第152章→

がありましたが、死者の書では200に満たない数の章（現在は一説に192の章）
にまとめられ、形式化されました。多くの章に挿絵が添えられるようになっ
たことも特徴です。

　挿絵はその経文の章の主題、関係する事物が採り上げられており、文字を
習得していない人でもイメージで理解できるようにした補助的なものでした。
死者の書も新王国時代になっていきなり庶民にまで広まったのではなく、最
初は文字を解する高官たちからはじまりました。第18王朝初期のトトメス3
世の治世のミンナクト（87号墓）のものでは35の章が書かれたなかで、挿絵
は2つしかありませんでした。

　それがしだいに増え、第19〜20王朝のラメセス時代には挿絵のないもの
が数えるほどになり、第3中間期第21王朝以降、末期王朝になると、文字よ
りも挿絵が主体になり、なかには文書が添えられないものが見られるように
なりました。

第 17 章（コンスの厨子に描かれた死者の書）
労働者の町、デイル・アル＝マディーナのセンネジェムの墓に納められていた息子コンスのもの
です。時代が下がるにつれて、しだいに文字を省略し、挿絵が大きくあらわされるようになります。
新王国時代第 19 王朝、前 1250 年頃、カイロ・エジプト博物館［JE 27302］

第 17 章の挿絵

[左ページ上] 左上から、「偉大なる（ナイルの）増水」を意味するメヘトウェレト（日
輪を戴き、メナト（右上）を首にかけ、亀甲模様の布をまとい、ネケク＝殻竿（右中）
を背に掲げ、ホルスの頭があらわれる創世の水の上にすわるまだら模様の天の牝ウシ）、
背中合わせに地平線（アケト）の文字（右下）を背負うライオンは「昨日」と「明日」
を向き、太陽の日毎の運行の順調を守護します。これをコンスが拝みます。
その下は、亀甲模様の天幕が張られたなかで、ベッドに横たえられたコンスのミイラの
仕上げをするアヌビス神が描かれています。ミイラの頭側からはネフティス女神、足元
からはイシス女神がそれを守護しています。
イシスのうしろには、鳥の姿の夫妻の魂バァが墓の屋根にとまっています。墓を出たバァは捧げ
られた食べ物を受け取ることができると信じられていました。

[左ページ下] 左上から、来世の門を守護する精霊（グレイハウンド・チズムと人の頭をもつ姿）、
毎年の増水現象をイメージしたナイルの神 2 態（上下エジプトをあらわす 2 つの水域に手をかざ
す姿、卵状のホルスの眼に手を添え、2 本の永遠の時間を象徴するナツメヤシの葉柄をもつ姿）、
天の牝ウシ（メヘトウェレトとの違いは、ウシがまだら模様ではなく、ホルスの頭部がない）を
拝むコンス、そしてコンス夫妻が仮屋のなかに腰掛け、セネト・ゲーム（20 ページ）で駒を動か
すようすがあらわされています。

　その挿絵の質も、新王国時代から末期王朝までは美しい彩色がなされてい
るものが主流でしたが、プトレマイオス朝時代以降、ローマ時代のものでは
彩色のない線画がほとんどになります。

　文書に話題を戻しましょう。これまでの葬祭文書と同じく、「死者の書」で
も、パピルスの巻物だけではもちろんですが、墓の壁画などを加えても、そ
の全部の章をひとりで用意した墓主はありません。葬祭文書は、自分自身の
葬儀に備えて、あるいは家族などの近親者が亡くなった人のために、神殿に
所属する書記に注文して書いてもらうものになっていました。個人墓を用意
することは当然のこと、素材としてのパピルスの巻物も高価でしたから、当然、
地位があって高給を得ている人物ほど、優秀な書記による多くの経文を盛り
込んだパピルスが買えました。巻物の大きさも、幅はおよそ 15cm くらいか
ら 45cm、そして長さは 1m ほどのものからさまざまで、最長のものは 40m ほ
どのものもありました。

　一方で資金が乏しい方はシート状のパピルスだったり、リサイクル（裏面
利用はめずらしくありません）のパピルスを活用していました。注文主の名前
を書き入れる部分が空けてある既製品も用意されていました。書記のもとに
は値段別にいくつかの巻物が用意されていて、予算にあった好みのものを選
ぶとそこに名前を書き入れてくれるようなものもありました。今日の日本の

第30b章、スカラベの護符
第2中間期13〜17王朝、エジ
プト美術博物館（ミュンヘン）、[ÄS
763, 1152]

神社仏閣でも、簡易の御札とは別に、祈願や祈祷、その内容、葬儀の際の設備、僧侶の数など、金額次第で様子が変わりますから、古代エジプト人も私たちと同じような感覚で宗教と向き合っていたのかもしれません。

　文書はパピルスだけに書かれたわけではありませんでした。墓の壁や棺など、副葬品とされる多くのものにヒエログリフの文書やその挿絵が描かれました。とくに重要だったものが、死後にミイラの心臓として働くと信じられて納められたスカラベ（フンコロガシ）の形の像です。通称ハート（心臓）スカラベとよばれるものです。心臓は死者の「人となり」そのものであり、死者が来世の楽園に行く前に受けるオシリス神の裁判では、真理・正義の象徴であるマアト（ダチョウの羽根、またはその羽根を頭飾りにする女神）と秤にかけられます。文書には、その心臓がオシリスの前で不利な証言をしたり、批判的な発言をしないようにとする呪文（第30章）があります。それがスカラベの像に刻まれたのでした。第3中間期第21王朝以降になると、このスカラベの第30章を冒頭においた「神話パピルス（mythological papyrus）」（124ページ）とよばれる葬祭文書があらわされるようになったほどです。

　第30章では、心臓に対してオシリス神の前で不利な証言をするな、などと誠実さに欠けることを命じておきながら、オシリス神の裁判において、現世では誠実だったと訴える（後述する第125章「否定告白」では嘘をつかなかったとの一文もある）というのは何ともご都合主義な印象を受けます。

　こうしたとぼけた感じの来世への抜け道の感覚も、本書の冒頭で紹介したような多様な文化の人びとが天国や極楽に行くための手段を講じたことに通じていて親しみが持てます。

　この信仰から、石製やファイアンス製（陶製）のスカラベの像はミイラ作りの際に死者の体内に置かれたり、小さなものは護符としてミイラを包む際に包帯に巻き込まれることもありました。スカラベのほかにも死者の書で挿絵の題材になっている道具類の枕、指、結び目、定規、階段、パピルスの柱、地平線の文字などが護符（お守り）として知られています。

第 110 章［上］
ラメセス 3 世葬祭殿（マディナト・ハブ）の浮彫り。来世へとたどり着くことが
できた者は、王といえども農作業などをして衣食を得ると考えられたようです。
新王国時代第 20 王朝（ルクソール西岸）

第 6 章とウシャブティ（シャブティ）［右］
セティ 1 世のもの。ウシャブティとはミイラ姿の被葬者で、「答える者」を意味し
ます。記されている銘文は第 6 章で、来世で課せられる農作業などの肉体労働を、
被埋葬者の代理として行うよう命令する文章です。
ウシャブティの数は、1 日に 1 人が働く、1 年分のウシャブティ（365 体）に、
10 人ごとの労働者に命令する監督官 1 人（36 体）が加えられ、401 体とされ
ていたようですが、その数はさまざまで、400 体を大幅に上回るものもありました。
ちなみに、トゥトアンクアメン王墓には 417 体ものウシャブティが納められてい
ました。　**新王国時代第 19 王朝、前 1280 年頃、ルーブル美術館 [N472]**

「死者の書」の要約

　全体の内容を簡単に紹介しておきましょう。中王国時代のコフィン・テキ
ストがもとになっていますから、さかのぼればピラミッド・テキストからの
経文が整理されたものといえます。そこに新王国時代になって、19、140、
157、158、162 ～ 165 章などが新しく加えられました。

　これによって、それまでの葬祭文書よりもはっきりと、亡くなった人が無
事に、確実に来世へとたどり着くための指南書という形にまとめられました。
つまりコフィン・テキストまでは、誰もが不安に思う冥界、来世の様子、そ
こに行くまでのことを説明するものだったのに対して、新王国時代には、現
世で理想とする病気もケガもなく、不幸な出来事のおこらない暮らしが永遠
に続く世界を見据えた、より実用的な内容となっているのでした。

第17、153章と墓の造営責任者ネケトムト（インヘルカウの墓）

ネコがヘビに切りつける挿絵は第17章の一節です。王墓のアム・ドゥアトの書（後編参照）の第7時間目、冥界での太陽の運行を妨げる大蛇アアペプ（アポピス）を退治する場面に影響を受けて死者の書に採用されたと考えられています。ネコは腰をおろし、西を向いて座っています。左前足にナイフを持ち、右足でアアペプの頭を押さえて切りつけています。その耳はロバのものです。古代エジプト語でロバはアアゥで、「大きな、偉大な」を意味するアアゥと同音ですから、掛詞にするとロバの耳を持つネコはつまり「オオネコ」という意味になるのです。

ヒエログリフの文書にある「アアペプ」をあらわす文字（右上）でも、ナイフを突き立てて動きを封じるまじないをほどこしています。

青い樹は筆柿のようなオレンジ色の実をつけるミムソプスの木（ペルセアの木）、古代エジプト語でイシェドという木で、太陽信仰の聖地ヘリオポリスにあるとされていました。

ネコは、日の出の太陽神ケプリ・ラーの化身であり、毎夜、アアペプを殺して東の地平線に現れるのでした。一説にはヘビの姿がヒエログリフの地平線に通じ、その間に立つイシェドの木が太陽にたとえられ、全体で太陽が現れる地平線アケトの文字（右下）をあらわしているとされています。

テキストは右から左への縦書きで、5行目までが本文です。

「刃向かうものを制圧するため、アアペプの脊椎を断ち切るための呪文。この神は他の神々の集まりとともに恵みをとりなしている。私はあなたがたのもとに来た。私の心はオシリスのカァ（魂）による真理で満ちあふれている。ルクソール西岸の真理の場（墓地）の職人たちの長、永遠の地平線（死者の世界）の第一人者、インヘルカウ、声正しき者。家の女主人、アメン神に仕える歌い手の第一人者である彼の妹（＝妻）、ウアブ、声正しき者。永遠の地平線の下絵画家である彼の兄弟、ホル・ミン（声正しき者）が制作した。」

網の絵は第153章です。その下は、東向きに立つ男性です。彼は壁画制作の責任者であるネケトムトです。息子のコンスも同じ役でした。こうして壁画の作者の姿を残したのは、墓主インヘルカァウが彼らに敬意を表してのことだったのでしょう。

新王国時代第20王朝（ルクソール西岸デイル・アル＝マディーナ）[TT359, TT299]

もっとも重要な経文は**第1章**で、この文章によって、亡くなった人はジェフティ（トト）神の助けで、冥界の神オシリスとその裁判などの情報、知識を身につけ、死後の生活の保障とするのでした。

　第2章：日のもとに現れること、死後の理想的な生活について、**第3章**もこれに続きます。

　第4章：オシリス神の敵を倒し、ロセタァウ（ラァ・セチャウ、Rosetau＝墓域）を横断するためのものです。

　第5章：冥界で働かなければならないような事態になることを防ぐためのものです。

　第6章：来世で死者の身代わりとして働くウシャブティ（79ページ）を活動させて来世での生活を豊かなものにするものです。

　第7章：邪悪な大蛇アアペプ（アポピス）がとぐろを巻いている場所を無事に通過するためのものです。

第16章（ネフェルイニの死者の書）
上からホルス神が舵をとる太陽神の舟で東の女神が神々を拝しています。次は光線を降り注ぐ太陽を東（左）と西（右）を象徴する女神が持ち上げています。それを「ホルスの4人の息子」がナイフを持って守護しています。3段目は持ち上げられる太陽円盤を4方向から魂バァ、マントヒヒが拝しています。4は全方位、抜かりない状態を意味します。下段はマアトの標を手にするネフェルイニが供物を受けています。その左は東の女神が西の女神を拝しています
プトレマイオス朝、前2～1世紀、新エジプト博物館（ベルリン）[P 10477]

　第8章：日のもとで西の世界を開くためのものです。

　第9章も同じく、日のもとで西の世界を開き、墓を開けて出て来る内容で、第73章として繰り返されます。

　第10章：死者の領域での敵を打ち倒し、日のもとに現れるための内容です。あらゆる呪文を手に入れ、大地をくまなく旅し、祝福されて輝かしく日のもとにあらわれることが計画されるのです。第48章で繰り返されます。

　第11章：死者の領域で敵に対抗するための手段が書かれています。ウラ

第 10 章（イウヤの死者の書）
新王国時代第 18 王朝、カイロ・
エジプト博物館［CG 51189, JE
95839］

エウス（コブラ）のように速く歩き、ホルス神のように立ち、プタハ神のように座り、ジェフティ（トト）神のように強く、アトゥム神のように力強く歩き、敵を見つけるために話すのです。第 49 章で繰り返されます。

第 12 章：冥界への出入りについての内容で、第 120 章で繰り返されます。

第 13 章：ハヤブサとして西の世界に入り、ベヌウ（不死鳥）として西から出る、とあります。西方の道を修復するのです。第 121 章で繰り返されます。

第 14 章：死者が反省すべきことを排し、神の心にある怒りを鎮めるためのものです。

第 15 章には、長大な太陽神ラーの讃歌が抜粋されています。ラー神への讃歌（連祷）は、新王国時代には王墓の入口近くでも書かれていることがあります。第 15 ～ 17 章は死者が太陽を持ち上げるイメージの挿絵が添えられ、創造神アトゥムと死者が同一視され、来世に復活するまでの過程、死者の書全体の要約のような説明と語句の注釈があります。第 18 章も語句の注釈があり、神聖なる法廷に死者がたどりつくまでに邪魔する敵対者に討ち勝つようにする内容です。

第 19、20 章は、神々の法廷における、ジェフティ（トト）神に対する弁明についてです。

第 21、22 章は、死者の領域にあって、彼に飲食するため、話すための口を与えるためのものです。

第 23 章：「口開きの儀式」で唱えられる内容です。プタハ神によって口が開けられ、地元の神が口を自由にしてくれます。ジェフティ（トト）神が力ある言葉を備えており、口をつぐませるセト神による仕業から解放されます。

第 24 章：冥界にあって力のある言葉を死者の口から引き出すための呪文です。猟犬よりも速く、影よりも迅速に動くことができる魔法が与えられるのです。

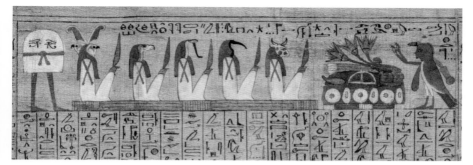

第 17 章（アンクエフエンケンスウの死者の書）
死者の魂バァが５柱の神々に供物を捧げ、拝しています。神々の後ろには、オシリス神の家にあって、目から見えない光線を放って邪悪なものを撃ち倒すメジェド（撃つ者という意味）が立っています。　**第 3 中間期第 21 王朝末、カイロ・エジプト博物館 [JE 95658]**

　　第 25 章：人の名を忘れないようにするためのものです。名前はその人そのものであり、名前を忘れる、名前を消すなどのことがあると、その人物が存在しなかったということになるのです。私たちも「名を残す」「名に恥じない」などの言い回しがあるように、名前の大切さは変わりません。

　　第 26 章：心臓（心）が満足し、力を持つことで、四肢にも力がみなぎるのです。

　　第 27、29 章は、冥界で彼の心臓が奪われることを防ぐため、第 28 章は彼の心臓（心）が彼の胸から取り除かれるのを防ぐためのものです。

　　第 30 章：前述したように、オシリスの裁判において心臓が不利なことを言わないようにするという内容が中心です。ＡとＢの２種類に分けられています。心臓と同一のものとして作られたスカラベ（フンコロガシ）の像の腹側に要旨だけが彫られることが多く、それがＢとされています。

[右] 第 25 章（イウエフアンクの死者の書）：名前を書いたパピルスの巻物を神に手渡したところです。

[左] 第 26 章：鳥姿の自身の魂バァを拝する被葬者は左手に心臓を持っています。
プトレマイオス朝時代、エジプト博物館（トリノ）[Cat.1791]

[左]
第31章（カァ
の死者の書）
ワニの口を縛
り、近寄って
来ないように
向きを変えて
います。

[右] 第36章
（イウエフアン
クの死者の書）
ゴキブリのよ
うな害虫を退
治しています。

　第31、32章は、来世でも危害を加える動
物として恐れられていたワニに対抗する内容で
す。同じように第33～35章はヘビに対して
のものです。第36章はミイラに危害をもたら
すゴキブリを排除するためのものです。

　第37章：2匹のメレト・ヘビに対する内容です。

　第38章：生命の息吹を確約するもので、形のない息は舟の帆で表現され、
死者が帆を持っていたり、死者の鼻先に舟の帆が差し出されるようすの挿絵
が添えられています（第54～56章も同じように息吹を得るためのものです）。

　第39、108章は、ピラミッド・テキストの時代から死者が来世の楽園に
復活することを邪魔するものとされてきた大蛇アアペプ（アポピス）との戦
いに勝利するためのものです。アアペプを銛で突く死者のようすが挿絵にあ
らわされています。

[左] 第39章（タァイエスネケトの死者の書）：赤色の細い線でヘビが描かれています。小さな頭が
うしろを向いています。
[右] 第32章：ワニ4頭＝どんなときもワニを完璧に避けることを意味しています。

［左から］第30章、第7章、第29章、第56章（ネブケドの死者の書）
第7章：アアペプの頭の向きを変えて避けています。
第56章：息のような空気の動きを舟の帆であらわしています。（→第54章）

［左］第41章（タァイエスネケトの死者の書）：背骨、肋骨の上のヘビを刺しています。
［右］第40章：ロバを害するヘビを退治しています。

第40章：「ロバを飲み込んだもの（ヘビ）」を退けるものです。これもオシリスに敵対するもので、ロバに食らいつくヘビを死者が退治するようすの挿絵が添えられます。

第41章：魔物によって殺されないようにするためのものです。ヘビを刺し殺す挿絵が添えられます。

第42章：身体の各部分を神聖化するもので、これによって死者は神となるとされ

第38章（イウエフアンクの死者の書）
生命の標アンクと息をあらわす舟の帆を持っています。（→第54章）

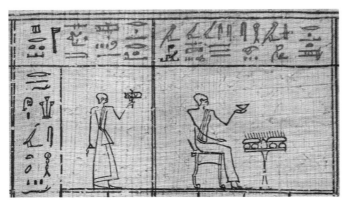

[右] 第53章
（イウエフアンクの死者
の書）

[左] 第54章
息の空気の動きをあら
わすために、舟の帆が
もちいられています。
帆のヒエログリフは、
そのままチャウ *ṯꜣw*「空
気」「息」「風」を意味
します。

ています。腕、指、眼、耳、足などの各部の名称とそれぞれ関係する神の名、
その姿が挿絵であらわされます。

　第43章：頭部が断ち切られないようにするためのものです。

　第44章：来世で二度と死ぬことがないようにするためのものです。

　第45章：衰弱すること、腐敗することを防ぐためのものです。

　第46章：冥界で死なないように、冥界で生きていくためのものです。

　第47章：冥界で連れ去られないようにするためのものです。

　第48章：第10章と類似したものです。

　第49章：第11章と類似したものです。

　第50章：神の屠殺場に入らないようにするため、脱出するためのものです。

　第51～53章は排泄物など食べてはならないものを口にしないようにす
るなど、消化過程の逆流、つまり戻されることのないように願うものと考え
られます。同じように口にするものについて注意することは、第82、102、
124、189章にも見られます。

　第54、56章は、死者が空気や水が与えられることで身体に力をみなぎら
せるためのものです。

　第55章：死者がもう一度呼吸できるようにするものです。

　第57～63章は来世で息をすること、充分に水が与えられることを保証
するものです。果樹が淵にある水場で水を飲む死者のようすがあらわされま
す。なかでも第59章では、シカモア・イチジクの樹に姿を変えた天の女神ヌゥ

第 59 章
祀堂に跪いた被葬者夫妻がシカモア・イチジクに姿を変えた天の女神ヌゥトから聖水、食べ物をいただいています。　新王国時代第 19 王朝、センネジェムの墓（ルクソール西岸デイル・アル＝マディーナ）[TT 1]

第 62 章
ナツメヤシ林（木が 3 本＝森という漢字に通じます）に囲まれた池の水をすくって飲む夫妻です。
新王国時代第 19 王朝、ネフェルレンペトの墓　（ルクソール西岸コーカ）[TT 178]

トが、死者に飲食物を与えるようすの挿絵があらわされます。

　第 64 章は難解です。「私は昨日と明日です。私には二度目の誕生の力があります。私は聖なる隠された魂です。冥界で、西で、天で供物を捧げます」とはじまる古くからの文書で、いわゆる「日のもとに現れる」ためにおこなうこと、邪魔する敵を倒す、排除するために唱える呪文が要約されたものと

考えられる内容です。

第 65 ～ 66 章も続いて、「日のもとに現れる」ため、敵に打ち勝つ力をつけるための呪文を知る内容です。

第 67 章：墓を開き、太陽光線を浴び、太陽神の舟の自席に座って水辺をめぐるだろうというものです。

第 68 章も「日のもとに現れる」ためのもので、天への扉、大地の扉など、死者を封じる扉が開かれます。身体中に力がみなぎり、自然界にも活力がもどって、死者は日のもとに現れるのです。

第 64 章（イウヤの死者の書）

第 69 章：オシリス神の後継者となるための内容です。イシスの献身的な守護、父である大地の神ゲブ、母である天の神ヌット、息子であるホルス神の守護が受けられるようになります。

第 70 章：オシリス神の後継者として、聖地ブシリスの河岸を旅し、天の四方全体を旅して大地、人びとに息吹をもたらせます。

第 71 章：死者が、神々の加護のもとで敵と戦い、冥界に捕らわれることなく解放され、日のもとに現れるためのものです。生命が継続することをかなえます。

第 72 章：日のもとに現れ、墓を開くための内容です。おもに棺に書かれる文書とされており、飲食物をはじめとして、死者が必要とするあらゆる物に満たされるようにします。第 106 章も同じような内容です。

第 73 章：日のもとで西を開き、墓を開ける内容で、第 9 章の繰り返しのようです。

第 74 章：急いで大地（地平線）から出て行く（昇る）ためのものです。

第 76 ～ 88 章は死者をさまざまな姿に変身させる内容です。第 77 ～ 78 章はハヤブサ、第 79 章はアトゥム神、第 82 章はプタハ神、第 81 章はスイレン（ロータス）のつぼみ、第 83 章はベヌウ鳥（不死鳥、アオサギ）、第 85 章は

太陽神ラーのバァ（鳥の姿の魂）、第86章は
ツバメ、第87章は大蛇、第88章はワニです。

第89章：来世で死者のバァと遺体を再会
させるためのものです。ミイラの上を鳥の姿
のバァが飛ぶ、またはバァがミイラにとまる
ようすの挿絵が添えられます。

第90章：死者に記憶を与え、口から愚か
な言葉が話されないようにするためのもので
す。

第91章：何物にも束縛されることなく、
邪魔されずに動けるようにするものです。

第92章：魂バァのために日陰のときに墓

第77章（イウヤの死者の書）

第82章
（ネブケドの
死者の書）

[左]
第87章
[右]
第81章
（カァの死
者の書）

第83章
（イウヤの死者の書）

第86章
（カァの死者の書）

第 85 章（ネブケドの死者の書）
魂バァのヒエログリフ

第 85 章（カァの死者の書）
魂バァの姿

第 89 章（マアイヘルペリィの死者の書）

を開き、日中に歩き、足に力を与えるためのものです。

　第 93 章：死者の領域にあって、東へと連れて行かれることを防ぐためのものです。

　第 94 章：死者に筆記用具を与え、オシリスの協力を得て、日々、神々の良き言葉を書くことでオシリスの裁判で有利に働くようにするものです。

　第 95 章：知恵の神、記録の神であるジェフティ（トト）神のそばに居られるようにするためのものです。

　第 96、97 章は、新王国時代になって考え出されたもので、初期にはひとつにまとめられてあらわされていました。ジェフティ（トト）神のそばに居り、冥界で変容した地位が与えられるようにするものです。

　第 98、99 章は天の水路における舟での航行が無事に、確実におこなえるようにするものです。第 99 章では、操船する者、舟の各部との長い対話の文章です。

　第 100 ～ 102 章は神々とともに太陽神の舟に乗って天を航行すること、その航行の安全を確保するためのものです。第 130、133、134、136 章も同様

[上] 第99章（マアイヘルペリィの死者の書）

[左] 第92章（カァの死者の書）

第100章（イウヤの死者の書）
舟にはイシス女神、ジェフティ（トト）、ケプリ、シュ
ウ（大気の神）、イウヤの順で乗っています。

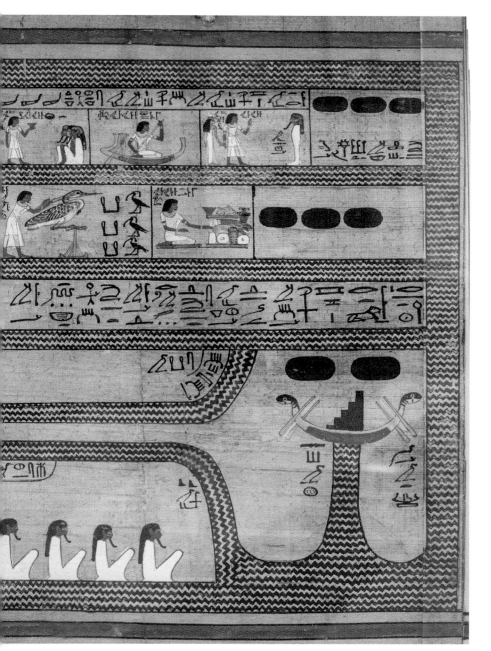

【前ページ】第 110 章「イアル（アアル）野」（イウヤの死者の書）
供物の野、アシの野ともよばれ、オシリス神が治める来世の領域の一部分です。闇の冥界に対して、日光と水に恵まれた緑豊かな土地でした。周壁は鉄でできているとの記述もあります。ここで育つエンマーコムギは巨大で、7 キュービット（およそ 3.5m）、オオムギも 5 キュービット（およそ 2.5m）もの大きさになったと第 109 章に記されています。

フェニックスの語源となったベヌウ鳥が原初の水からあらわれた四角錐のベンベン石に休んでいます。楕円はいくつかある鉱物資源が豊かな丘です（→第 149 章）。階段は、ここに来るため、またはここから出て行くために、来世での移動に必要な道具でした。

オシリスの法廷を出て来世に向った死者はここに行き着きます。社会的な地位にかかわらず、農地を耕してアマやムギを栽培し、それらから神々に供物を用意するなどの日々を送るものと考えられていました。しかし、その労働が苦痛だというので、ウシャブティ（79 ページ）を用意することになるのです。白髪のイウヤ（アメンヘテプ 3 世の妻ティイの父）は聖水で清められ、メンケト（織物）の供物を捧げられています。

[左] 第 104 章
カァの旗竿に捧げられた供物
新王国時代第 19 王朝、前 1250
年頃、ネフェルレンペトの墓（ルクソール西岸コーカ）[TT 178]

[右] 第 104 章
ホル王のカァ像
第 1 中間期第 13 王朝、前 1780
年頃、カイロ・エジプト博物館 [JE
30948]

第 108 章
新王国時代第 19 王朝、センネジェムの墓（ルクソール西岸、デイル・アル＝マディーナ）[TT 1]

[右] 第116章
前からジェフティ
神、知性の化身、
太陽信仰の聖地
ヘリオポリスの主
神アトゥム。
[中] 第117章
ウプウアウト神に
導かれています。
[左] 第119章
（イウエフアンクの
死者の書）

のものです。

第103章：システルム（振り鳴らす楽器）をつかさどるハトホル女神の追随者として死者を反映させるものです。

第104章：死者が神々とともに暮らすことを可能にする内容で、第105章では死者がカァ（人格的な魂）とともにある様子があらわされています。

第106章：第72章と同じような内容です。

第107～109章、第111～116章はバァに対して、古くからの主要な聖地の精霊、神についての知識を確実にするものです。そのうちの第108章ではセト神によって邪悪な大蛇アアペプを退ける内容です。

第110章：死者の最終目的地である楽園で、「供物の野」「平安の野」または「イアルの野」でのことです。イアル野にある丘については第149章で別に採り上げられています。

第117～119章はオシリスの国、ロセタゥウ（墓域）への道案内とそこへの自由な出入りについて記されています。

第120章→第12章

第121章→第13章

第122章：西の世界と現世の出入りについて、です。

第123章：創造神アトゥムへの礼賛にはじまり、大神殿に入るための儀式です。

第124章は死者が来世に向かうにあたって必ず出廷しなくてはならない「オシリスの法廷」へ死者を送るための準備についてです。そして第125章がオシリスの裁判の主要な内容（64ページ）で、現世では何の罪も犯してい

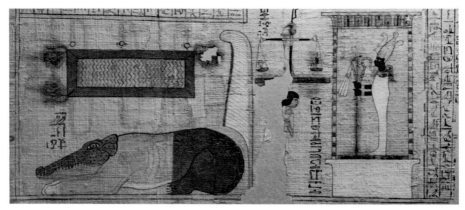

オシリスの裁判（ネブケドの死者の書）
第125章と第126章を組み合わせた挿絵です。真理・正義の象徴であるマアトの羽根、怪獣アメミトが大きく描かれているのが特徴です。アメミトは頭部がワニ、上半身がライオン、下半身がカバです。アメミトの上には正義に反するものを焼き殺すための炎の池があらわされています。

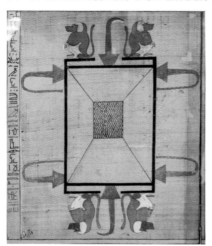

第126章（イウヤの死者の書）

ないことを宣言する罪の否定告白（110ページ、「盗みをしていない」など否定文での主張）のようすがあらわされています。

第126章：邪悪なものを排除する炎の池とその守護者たちについてのものです。

第127章と第180章は、王墓にも施される太陽神ラーに対する讃歌の部分です。

第128章：オシリス神を讃える内容です（オシリス讃歌）。

第129章：第100章の繰り返しです。死者を優れた存在にし、従者をともなわせて太陽神の舟に乗せるというものです。

第130章：魂バァを永遠の存在にします。オシリス神が再生する日のために死者を太陽神の舟に乗せて冥界を巡らせ、通過させるものです。これがかなえば、彼のバァは永遠に生き続け、2度と死ぬことはありません。

第 136B 章（イウヤの死者の書）
ハヤブサ姿の太陽神がうずくまった姿で舟に乗って天（ペト）を進んで行きます。「見つめる」を意味
する目が舟の前後に描かれています。

　この章から第 131 章、第 133 〜 136 章までは、死者が太陽神の舟の一員と
して航海する内容で、太陽神の舟の図が添えられることが多いようです。
　第 131 章：「私は夜に輝く太陽だ」とはじまるもので、太陽神とともに天
を航海するための文書です。
　第 132 章：冥界から彼の家を見に戻ることができるようにするものです。
死後、自宅のようすが気になるだろうことは、いつの世も変わることはなかっ
たようです。
　第 133、134 章は、満月のときに、太陽神の舟において、死者の魂が有用な、
優れたもの（ハヤブサの姿）に変容するよう仕向けるための文書です。太陽神
への忠誠の誓い、礼賛です。
　第 135 章の呪文を知っていれば、彼の魂は立派になり、再び死ぬことは
なく、オシリス神の前で供物を受け取ることができるようになります。知恵
の神ジェフティ（トト）のように人びとに崇拝され、バステト女神の怒りを
買うことなく、とても幸せになれるのです。
　第 136 章：昼の 6 日間、太陽神の舟で航海するための儀式で、そこに死
者の魂が貢献できるようにする内容です。2 種類あり、もうひとつは太陽神
の舟で火の輪を無事に通過するためのものです。

第137章：太陽と月の両方が不在のときに必要な来世の明かりについてのものです。松明が用意されるようすが挿絵であらわされます。長短、2種類のバージョンがあります。

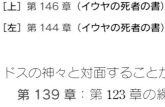

［上］第146章（イウヤの死者の書）
［左］第144章（イウヤの死者の書）

第138章で、死者はホルスとして、オシリス信仰の聖地アビュドスの神々と対面することがあらわされています。

第139章：第123章の繰り返しで、創造神アトゥムを礼賛する内容です。

第140章：ペレト季（播種季、冬）の第2月の最終日に、聖なるウジャトの眼を完成させるための呪文です。

第141章：新月の祭の日に唱える呪文です。自分の父と息子のために男が読むものでした。ラーなどの神々にとって有用な者と見なされるようになり、彼らと一緒に居られるようにするという内容です。

第142章：変容した魂を優良なものにし、想うがままの姿で、日のもとを自由に歩くことができるように、彼が望むならどこでもオシリスの名前を知ることができるようにするものです。

第143章は第141、142章を補う図をともないます。

第144～147章は来世、イアル（アアル）野に向かうときに通過しなくてはならない7つの門とナイフを持って守護する恐ろしい門番の神についてのものです。死者はそ

第 144 章
新王国時代第 19 王朝、ネフェルタリの墓（ルクソール西岸、王妃の谷）[QV 66]

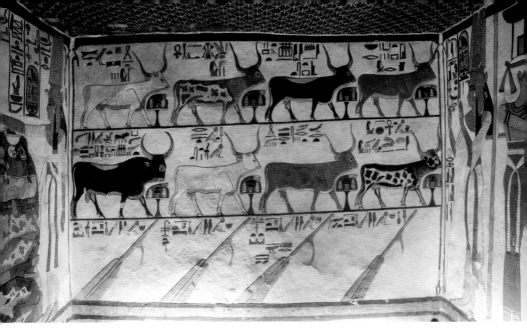

第 148 章
新王国時代第 19 王朝、ネフェルタリの墓（ルクソール西岸、王妃の谷）[QV 66]

れらの神の名前と正しい呪文をとなえることで通過することができます。

　第 148 章：天の 7 頭の牝ウシと 1 頭の牡ウシ、4 本の舟のオール（世界の四隅で天を支える）についてです。このウシの群によって来世の死者に食料が供えられることが確実になります（1 頭の牡ウシを中心にして数頭の牝ウシを飼う方法は先史時代からの牧畜民の生活スタイルで、サハラに残る当時の岩面画にも描かれています）。

　それらのウシの名前は次のとおりです（上の写真、上段右から）。

　　カァの邸宅、万物の女主人

　　彼女の場所に住む静かなるもの

　　神が高位に置いたアクビト（ケムミス）のもの

　　神々をそっと持ち上げる天の嵐

　　生命を守護するまだら模様のもの

　　深く愛されし赤い髪のもの

　　その名は技（わざ）に力を宿すもの

　　雄牛、赤い城にすむ牝ウシたちの夫

第 149 章：楽園であるイアル（アアル）野で、死者が通らなければならない小さな 14 の小丘について記されています。ここを通過することで、死者は活力、能力を少しずつ取り入れることができました（次ページ参照）。

第 150 章でも第 149 章以外の小丘について紹介しています。

第 151 章：葬儀においてもっとも重要なミイラ作りについてのものです。ミイラ作りの幕屋の中でミイラの守護神アヌビスが死者が横たわる棺台（棺架）の脇に立っている姿の挿絵が添えられます。イシス女神、ネフティス女神、内臓を保護する「ホルスの 4 人

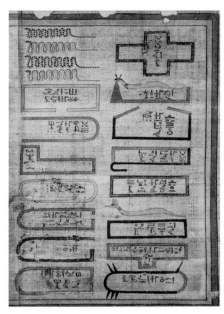

第 150 章（**イウヤの死者の書**）

第 151 章（**ネブケドの死者の書**）

第149章（イウヤの死者の書）
アアル（イアル）の野にある、死者が通らねばならない14の小丘

第1の小丘：ケーキと新鮮な野菜を糧にして生きる場所。頭も含めて、骨を確固なものにします。

第2の小丘：イアル野の産物をつかさどるラーホルアクティ神の場所です。彼は穀物を大きく育て、太陽神の舟を穏やかに航行させます。

第3の小丘：アク（精霊）の丘です。大蛇アアペプからラー神を救い、2つの大地（エジプト）と人びとに生命力をもたらせる抱擁の炎があります。

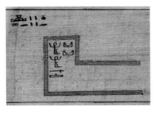

第4の小丘：秘密の丘、地下世界にある高く強大な山です。そこには地獄に落とされた者たちのアク（精霊）を糧にして生きる大蛇がすむとされています。この場は来世での航行を穏やかにし、力を授けてくれます。

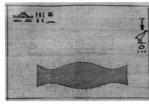

第5の小丘：疲れはてた者たちの影を糧とするアク（精霊）がいる丘。彼らは、美しい西の世界への道を開き、導いてくれます。

第6の小丘：難解な洞窟がある丘です。アジュというウナギのような魚を切り刻む者がいますが、供物にパンを捧げる正しい者に危害を加えることはありません。彼は供物とともにあるのです。

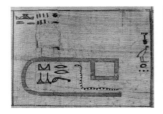

第7の小丘：レレクという死者を害する毒ヘビが棲むイセシという丘です。灼熱の炎の場所です。正しき者はかまれることなく、毒にも冒されることはありません。

第8の小丘：供物が受け継がれる場所です。その名の神がおり、供物を守っています。ここを訪れるとき、大地（アトゥム）の供物を持ってこなければなりません。そうすることで道をはずれることなく進めます。

第9の小丘：壺の形の場所（イケセト、イケシ）を、ワニが掘り込もうとしています。恐れ多くて、死者の魂はその名を知ろうとしません。そこの空気は炎なので鼻や口が傷ついてしまいますが、通過することが認められると、息ができて、供物をいただくことができるのです。

第10の小丘：コブラ、ナイフを扱う男がいます。カフ神の町であり、そこはアク（精霊）を掌握し、影を支配下におく場所です。生肉を喰らうもの、肉片の間にあるものがいますが、通り過ぎるまで危害を加えられることはありません。イシス女神、ネフティス女神などの守護があり、永遠の力が与えられるのです。

第11の小丘：階段状の地域にナイフをもつヤマイヌ頭の魔物がいます。地下世界にあるこの場所では、身体は覆い隠され、アク（精霊）を支配しています。ここに入ると出ることができません。ここで神の仲間入りをすることができた死者は、この丘を通り過ぎ、天への梯子をかけて進みます。

第12の小丘：ロセタゥウ（墓域）の端にあるウェネトの丘で、炎に包まれています。私はあなたのなかにあって偉大なものであり、不滅の星の中にある。私の肉体も名前も腐敗することはありません。私の存在は永遠です。

第13の小丘：ナイルの増水をつかさどるカバの神とスカラベが登場します。ここは誰も支配できない、水の神の場所です。ここで私も水を支配し、増水をもたらして植物が生育できるようになるのです。

第14の小丘：ケル・アハの丘。増水をもたらせてくれる2つのアブゥ洞窟の入口には大蛇がいます。ケル・アハで私は増水によって運河に水で満たし、収穫される穀物を食べます。私に、神に供物が用意されるのです。満足してこの第149章が終わります。

第153A章（イウヤの死者の書）

の息子」、シャブティ、ジェド柱の護符、灯明、アヌビスなどの姿もあらわされます。

　第152章：オシリス神をはじめとする神々を礼拝するための神殿を建てるという内容です。

　第153章：天と地の間に仕掛けられている巨大な網に死者が掛からないよう守るものです。死者は捕獲者をはじめ、網の部分、それぞれの名前を知っていることで網から逃れられるのです。

　第154章：ミイラが腐敗して虫がわき、身体が損壊しないようにするための内容です。「私は腐っていない、内臓は損壊されていない、負傷していない、目は腐っていない、頭蓋骨はつぶれていない、耳が聞こえないことはない、頭もしっかりついている、舌が取り除かれていない、髪が切れていない、眉毛が剥がれていない私のミイラは永久のものであり、永遠にこの大地で滅びることも破壊されることもありません」。

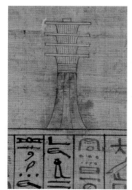

第155章
（イウヤの死者の書）

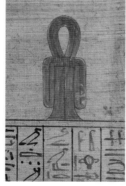

第156章
（イウヤの死者の書）

　第155～160章は死者のた

めの有効な護符についてのものです。第155章は黄金のジェド柱、第156章は赤いジャスパーで作られるイシスの結び目ティエト、第157章は死者の首にかけられる黄金のハゲワシ、第158章は黄金の胸飾り、第159、160章は長石で作られる緑色のパピルス草の茎の護符です。

第161章（ネフェルイニの死者の書）
[プトレマイオス朝時代、新エジプト博物館（ベルリン）、P 10477]

第161章：しばしば棺に記されているもので、死者に必要な生命の息を保証するものです。4つの方向（東西南北＝すべて）からの風を入れるため、天の開口部をジェフティ（トト）神が開くようすがあらわされています。

第162章：ミイラの頭部の下に置かれる敷き板に関するもので、魂の頭の下に守護の炎を生じさせる呪文です。大きな炎が完全に包みこみ、地上のラー神（太陽）のようにします。

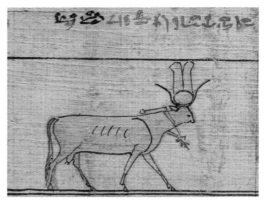

第162章（タァイエスネケトの死者の書）
イヘト牝ウシ

この章の挿絵にあるイヘト牝ウシは彼女の息子のラー神が西に没するときに偉大なる守護を与えます。彼の場所は炎によって閉じられ、彼は死者の国において神となるのです。

第163章：ミイラが腐敗するのを防ぐための呪文です。

第164章：3つの頭で両性具有のムト神に対して唱える呪文です。頭のひとつは2枚の羽を戴いたパケト女神（牝ライオンの姿で、ワディの河口の守護神）、

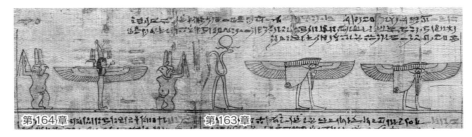

第163章（タァイエスネケトの死者の書）
翼、ヒトの足をもつ2つのウジャトの眼、太陽円盤とヒツジの角、ヒトの足で立つヘビの挿絵です。

第164章
ハゲワシ、女性、雌ライオンの3つの頭をもち、男根を起立させた奇妙な姿のムト女神がおり、その両側に、ハヤブサと男性の2つの顔をもち、ネケクを掲げた小人が描かれています。

もうひとつの頭は二重冠を被った男性、そして2枚の羽根を戴いたハゲワシで、翼を持っています。

肉体は不死のものとして健康で、腐敗して虫はわかないように、来世ではイアル（アアル）の野で土地が与えられて幸せに暮らせるように祈るのです。

第165章：落ち着き場所を確保すること、聖なるウジャトの眼が傷つくことを防ぐこと、遺体を維持すること、水を飲めるようにするための呪文です。

ここまでがレプシウスが整理した部分で、第166章以降は、彼以後の研究者によって加えられたものです。中には、既存の章に振り分けられず、ただ1例しか見つかっていない章もあります。この作業は今も続けられています。

第165章（タァイエスネケトの死者の書）
豊饒の神ミンの姿で胴がスカラベの男神、両肩にヒツジの頭をもつ男神。165章の呪文をかなえる神々です。

第166章は高枕について、第167章はウジャトの眼の護符についてです。

第168章：冥界の書の12の洞窟を通過するときの呪文についてです。

第169章：ミイラを安置する棺台を用意するための呪文です。

第170章：ミイラ作りのための棺台、ベッドを用意するための呪文です。死者は完全な身体が保証され、永遠のものとなるため

の様々な力を身につけられるようにする呪文です。

第171章は死者に対して様々な神々が白い聖衣を与える内容で、それもまた邪悪なものを寄せつけないようにするものです。

第172章もまたミイラの全身を神聖化する呪文です。死後の世界で、神々によって死者のためにおこなわれたこと、作られたものに対して賞讃する内容で、死者の肉体が永遠に朽ちないようにするものです。

第173章では死者はホ

第162章、ミイラの頭の下に置く板
これをミイラの頭の下に置くと、死者に太陽の生命力である炎（熱）がもたらされると信じられていました。亜麻布に漆喰が塗られています。
プトレマイオス朝時代、大英博物館 [EA 35875]

ルスとなってオシリスと面会し、オシリス神に様々な捧げ物をし、オシリス神を讃えます。

第174章：神々に祝福された死者の魂を、天の偉大な門から外に出させるための呪文です。

第175章：現世での死、来世について創造神アトゥムと問答する形式であらわされています。

最初にアトゥム神がジェフティ神に訴えます。「天の女神ヌトの子どもである神々（オシリスとセトの兄弟）はどうしたことか。戦争、反逆、混乱、殺戮などの悪事を働き、良きことをおとしめているのはどういうことか」。
「あなたは彼らの悪行を見ていない。そのことで心を痛めもしなかった。（時間をつかさどるものとして）彼らの時間、年月を短くしなさい。なぜなら、彼らはどんなことも、あなたが関知しないところで損害を与えている」。
こうした苦情に死者も加わります。「私は沙漠を旅して来て、水も空気もない、

暗闇が底知れない深淵になぜ来なければならなかったのですか？」などと、死後の世界の不安、不満を訴えると、アトゥム神は「心配ない」などとなだめる言葉を返すのでした。最終的に死者の不安や不満はオシリス神が解消し、来世での幸福な暮らしを太陽神に願うのです。

第176章：嫌悪すべき「破壊の場所」である東へ赴かないように守護し、来世において死の苦しみが2度とないようにするための呪文です。

第177、178章はピラミッド・テキストから受け継がれている古いものです。第177章は、天の女神ヌゥトに呼びかけ、死者の魂が天へ昇るためのものです。第178章は目を開き、耳を強化し、頭がはずれないようにし、死者が来世で飢えたり、渇いたりしないで、何不自由なく幸せに暮らせることを保証するものです。

第179章：昨日に出発して、今日、やって来る、そうすることを自身に求める呪文です。死後の敵に勝る力をつけ、敵を倒すのです。その力はセクメト女神のようだとされています。

第180章：日のもとに出て、西にある太陽神ラーを崇拝し、冥界にある者たちを賞讃するためのものです。

第181〜185章はオシリス神への讃歌です。

その中で、第182、183章は「私はジェフティ（トト）である」としてオシリスに呼びかける文書が特徴です。第182章は冥界の支配者であるオシリス神が永遠であること、ジェフティの面前にある活力が失われた者に息を吹き込み、オシリス神に敵対する者を撃退するという内容です。これを唱えることで、ジェフティのもつ力を呼び起こし、多くの神々や精霊によってミイラが守護されることが保証されるのです。

第183章：オシリス神が国土にもたらせる恩恵を讃え、オシリス神のそばに居られることを願う内容です。そのために「私はジェフティ（トト）神である」と主張します。

第184章：オシリス神のそばに居られるよう願う呪文です。

第185章：オシリス神を讃えるとともに、あらためて死者がオシリスに向かってマアト（正義、秩序）に対して誠実であることを誓います。挿絵では、

第 185,186 章（ウセルハァトメスの死者の書）
ナイル西岸の墓地、そのへりのパピルスの茂みからハトホル神があらわれます。このハトホル神による
墓地の守護をつかさどるトゥエリス女神に被葬者が供物を捧げています。
新王国時代第 19 王朝、カイロ・エジプト博物館 [SR 19318]

オシリス神はハヤブサの姿のソカルが守護する厨子に収まった姿であらわされます。

　第 186 章：西岸の沙漠の墓地にあって、墓を守護し、西の地平線へと向かう死者を守護する牝ウシの姿のハトホル女神を崇拝するものです。

　第 187 章：九柱神の前へ進み出るための呪文です。

　第 188 章：魂バァが現世に降りるための呪文、埋葬室を建設し、人びとがいる太陽のもとにあらわれるためのものです。

　第 189 章：人が逆さまになって歩かないにようにするための呪文です（中王国時代に起源があると考えられています）。

　第 190 章として分類されようとしている章もあります。

　近年、エジプトでは私人のミイラが数多く発見されています。今後、パピルス文書や棺の経文の解読、研究が進むに連れて、新しい章が加えられていくことになりそうです。

否定告白

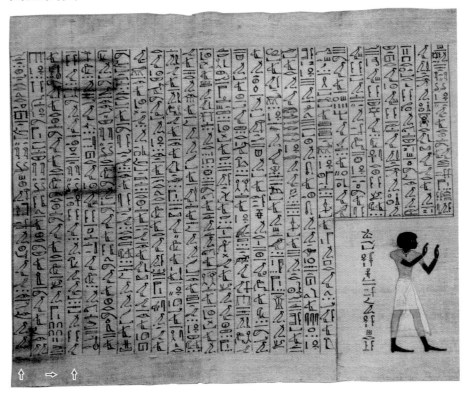

⇧ ⇨ ⇧

第 125 章 A（マアイヘルペリィの死者の書）

（オシリス神の）法廷に至ったときに述べること。第 125 章 A では、死者がオシリスの法廷に向かうようすが、右ページのような書き出し（上の写真の矢印の部分）で記されています。
そして意味は以下のようです。

彼が言う、正義の主人、神（々）の主人を讃える。私はあなたの美しさを見るために私自身を連れてあなたのもとに参ります。私は法廷においてあなたとともに居る神の 42（42 柱の陪審員）の名前を知っています。

※古くから、死者は神や冥界の門番、魔物などの名前を知っていることが重要でした。

[左] 第 30 章 B（マアイヘルペリィの死者の書）

第 124 章のオシリスの法廷の主要部分が挿絵にされています。心臓がこの場で不利に働かないようにと、念を押すために描かれたのでしょう。それほど、当時の人びとはオシリス神の法廷を意識していたことがうかがえます。

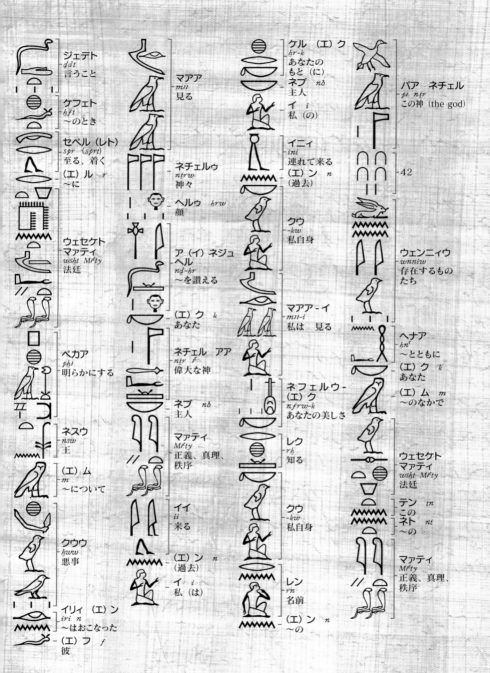

ジェデト
ḏdt
言うこと

クフェト
ḫft
〜のとき

セペル（レト）
spr (sprt)
至る、着く

（エ）ル r
〜に

ウェセケト
マアティ
wsḫt Mꜣꜥty
法廷

ペカア
pḥꜣ
明らかにする

ネスウ
nsw
王

（エ）ム m
〜について

クウウ
ḥww
悪事

イリィ（エ）ン
iri n
〜はおこなった

（エ）フ f
彼

マアア
mꜣ
見る

ネチェルウ
nṯrw
神々

ヘルウ ḥrw
顔

ア（イ）ネジュ
ヘル
nḏ-ḥr
〜を讃える

（エ）ク k
あなた

ネチェル アア
nṯr ꜥꜣ
偉大な神

ネブ nb
主人

マアティ
Mꜣꜥty
正義、真理、
秩序

イイ
ii
来る

（エ）ン n
（過去）

イ i
私（は）

ケル（エ）ク
ḥr-k
あなたの
もと（に）

ネブ nb
主人

イ i
私（の）

イニィ
ini
連れて来る

（エ）ン n
（過去）

クウ
-kw
私自身

マアア-イ
mꜣ-i
私は見る

ネフェルウ-
（エ）ク
nfrw-k
あなたの美しさ

レク
rḫ
知る

クウ
-kw
私自身

レン
rn
名前

（エ）ン n
〜の

パア ネチェル
pꜣ nṯr
この神（the god）

42

ウェンニィウ
wnniw
存在するもの
たち

ヘナア
ḥnꜥ
〜とともに

（エ）ク k
あなた

（エ）ム m
〜のなかで

ウェセケト
マアティ
wsḫt Mꜣꜥty
法廷

テン tn
この
ネト nt
〜の

マアティ
Mꜣꜥty
正義、真理、
秩序

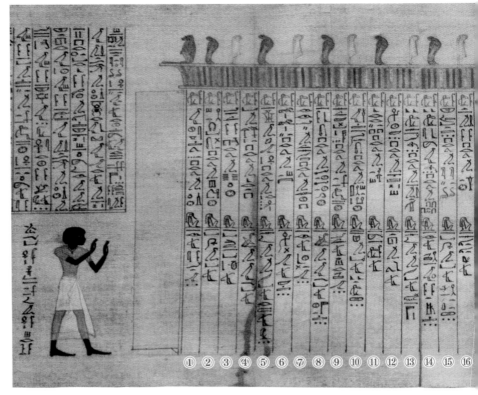

第125章　否定告白（マアイヘルペリィの死者の書）

前ページの写真に続く場面です。1行ずつ、陪審員である神（主要都市の神が多い）や精霊、神聖視されていた物などの名前と簡単な紹介があり、その下段に、それらに向けて「私は〜しない」ではじまる文が書かれています。

こうした陪審員の名前とそれへの告白内容は、パピルスによって異なります。42項目がそろっていなかったり、順序が異なっていたりして、項目の内容も異なったものが見られます。「不倫」や「少年愛」などの行為について、マアイヘルペリィの死者の書では記されていません。これらは製作された時期、筆記者のグループが異なったりしたことが原因と考えられますが、基本的には社会生活を送るにあたって不道徳な行為があげられています。

以下、順（左から右）に、マアイヘルペリィの死者の書で、死者が否定する内容を書き出します。

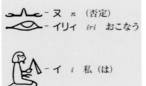

ヌ　n　（否定）

イリィ　iri　おこなう

イ　i　私（は）

第125章　否定告白（ネブケドの死者の書）
否定の文字が赤色で強調されています。

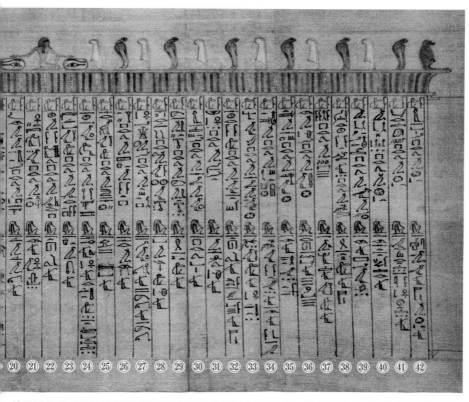

⑳ ㉑ ㉒ ㉓ ㉔ ㉕ ㉖ ㉗ ㉘ ㉙ ㉚ ㉛ ㉜ ㉝ ㉞ ㉟ ㊱ ㊲ ㊳ ㊴ ㊵ ㊶

①悪事を働くこと　②盗みをすること　③強欲であること　④強奪行為　⑤殺人
⑥供物（食物）の廃棄　⑦犯罪、不正な行為　⑧神への供物を盗むこと　⑨嘘をつくこと
⑩食物（パン）を持ち去ること　⑪不機嫌になること　⑫破壊行為　⑬聖牛を殺害すること
⑭不当な利益を得ること　⑮パンを盗むこと　⑯盗み聞きすること　⑰無駄口をたたくこと
⑱いたずらに口論すること　⑲男性のパートナーとの色欲におぼれること　⑳強姦すること
㉑怖いたくらみをすること　㉒不法侵入　㉓短気なこと
㉔真実の言葉に否定的な（耳を貸さない）こと　㉕邪魔すること　㉖泣かせること
㉗自慰やホモセクシャルとの性交　㉘あざむくこと　㉙呪うこと　㉚性急に事を進めること
㉛忍耐がない、苛つくこと　㉜神を水で清める状況を冒涜すること
㉝話しをするとなると饒舌になること　㉞不正をしたり、悪事を働くこと
㉟王に反論すること　㊱用水路を歩いて渡ること　㊲怒号（叱咤）すること
㊳神をののしること　㊴罪深い行為　㊵利己的な行為（自分を別格とすること）
㊶不正に蓄財をすること　㊷町の守護神を嫌悪すること

ヒエログリフの表記

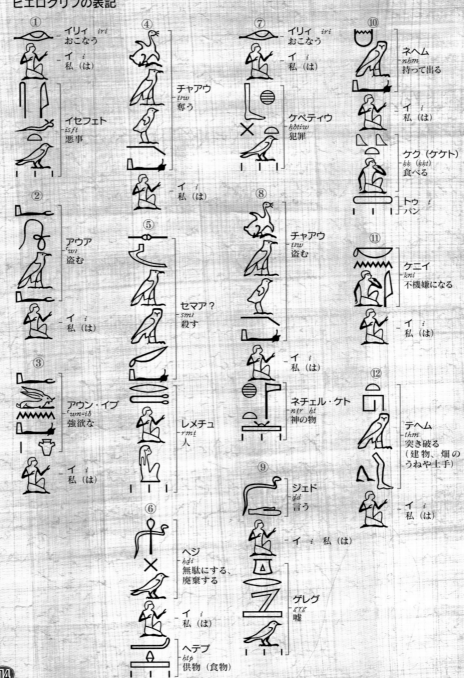

① イリィ *iri* おこなう
イ *i* 私（は）
イセフェト *isft* 悪事

② アウア *ʿwɜ* 盗む
イ *i* 私（は）

③ アウン・イブ *ʿwn-ib* 強欲な
イ *i* 私（は）

④ チャアウ *ṯɜw* 奪う
イ *i* 私（は）

⑤ セマア？ *smɜ* 殺す
レメチュ *rmṯ* 人

⑥ ヘジ *ḥḏ* 無駄にする、廃棄する
イ *i* 私（は）
ヘテプ *ḥtp* 供物（食物）

⑦ イリィ *iri* おこなう
イ *i* 私（は）
ケペティウ *ḫbtiw* 犯罪

⑧ チャアウ *ṯɜw* 盗む
イ *i* 私（は）
ネチェル・ケト *nṯr ḫt* 神の物

⑨ ジェド *ḏd* 言う
イ *i* 私（は）
ゲレグ *grg* 嘘

⑩ ネヘム *nḥm* 持って出る
イ *i* 私（は）
ケク（ケケト）*kk (kkt)* 食べる
トゥ *t* パン

⑪ ケニイ *kni* 不機嫌になる
イ *i* 私（は）

⑫ テヘム *thm* 突き破る（建物、畑のうねや土手）
イ *i* 私（は）

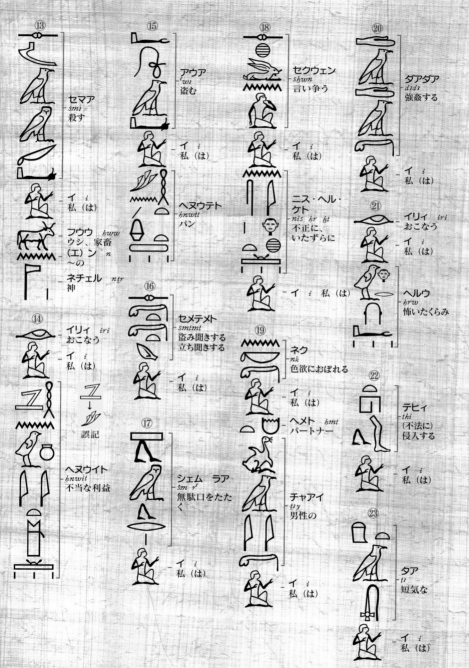

⑬ セマア _smʒ_ 殺す
イ _i_ 私（は）
フウウ _ḫrw_ ウシ、家畜（エ）ン _n_ ～の
ネチェル _nṯr_ 神

⑭ イリィ _iri_ おこなう
イ _i_ 私（は）
→ 誤記
ヘヌウイト _ḫnwit_ 不当な利益

⑮ アウア _ʿwʒ_ 盗む
イ _i_ 私（は）
ヘヌウテト _ḫnwtt_ パン

⑯ セメテメト _smtmt_ 盗み聞きする 立ち聞きする
イ _i_ 私（は）

⑰ シェム ラア _sm rʒ_ 無駄口をたたく
イ _i_ 私（は）

⑱ セクウェン _shwn_ 言い争う
イ _i_ 私（は）
ニス・ヘル・ケト _nis ḥr ḫt_ 不正に、いたずらに
イ _i_ 私（は）

⑲ ネク _nk_ 色欲におぼれる
イ _i_ 私（は）
ヘメト _ḥmt_ パートナー
チャアイ _ṯʒy_ 男性の
イ _i_ 私（は）

⑳ ダアダア _dʒdʒ_ 強姦する
イ _i_ 私（は）

㉑ イリィ _iri_ おこなう
イ _i_ 私（は）
ヘルウ _ḥrw_ 怖いたくらみ

㉒ テヒィ _thi_ （不法に）侵入する
イ _i_ 私（は）

㉓ タア _tʒ_ 短気な
イ _i_ 私（は）

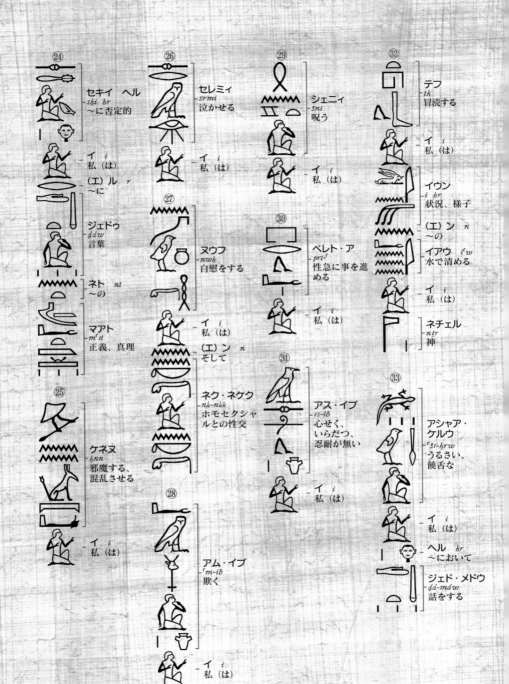

㉔
セキイ　ヘル
- *shi hr*
〜に否定的

イ *i*
私（は）

（エ）ル *r*
〜に

ジェドゥ
- *ddw*
言葉

ネト *nt*
〜の

マアト
- *mꜣꜥt*
正義、真理

㉕
ケネヌ
- *hnn*
邪魔する、
混乱させる

イ *i*
私（は）

㉖
セレミィ
- *srmi*
泣かせる

イ *i*
私（は）

㉗
ヌウフ
- *nwh*
自慰をする

イ *i*
私（は）

（エ）ン *n*
そして

ネク・ネケク
- *nk-nkk*
ホモセクシャ
ルとの性交

㉘
アム・イブ
- *ꜥm-ib*
欺く

イ *i*
私（は）

㉙
シェニィ
- *sni*
呪う

イ *i*
私（は）

㉚
ペレト・ア
- *prt-ꜥ*
性急に事を進
める

イ *i*
私（は）

㉛
アス・イブ
- *is-ib*
心せく、
いらだつ、
忍耐が無い

イ *i*
私（は）

㉜
テフ
- *th*
冒涜する

イ *i*
私（は）

イウン
- *i hr*
状況、様子

（エ）ン *n*
〜の

イアウ
- *iꜥw*
水で清める

イ *i*
私（は）

ネチェル
- *ntr*
神

㉝
アシャア・
ケルウ
- *ꜥshꜣ-hrw*
うるさい、
饒舌な

イ *i*
私（は）

ヘル *hr*
〜において

ジェド・メドウ
- *dd-mdw*
話をする

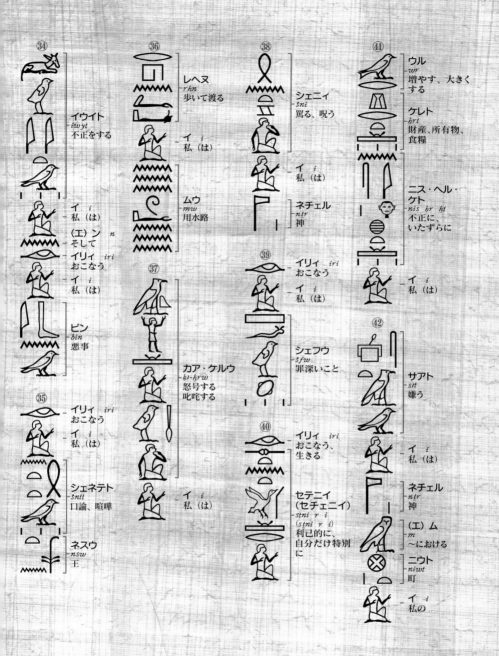

㉞

イウイト
inwyt
不正をする

イ *i*
私（は）

（エ）ン *n*
そして

イリィ *iri*
おこなう

イ *i*
私（は）

ビン
ḏin
悪事

㉟

イリィ *iri*
おこなう

イ *i*
私（は）

シェネテト
sntt
口論、喧嘩

ネスウ
nsw
王

㊱

レヘヌ
rhn
歩いて渡る

イ *i*
私（は）

ムウ
mw
用水路

㊲

カア・ケルウ
ḳꜣ-ḫrw
怒号する
叱咤する

イ *i*
私（は）

㊳

シェニィ
šni
罵る、呪う

イ *i*
私（は）

ネチェル
ntr
神

㊴

イリィ *iri*
おこなう

イ *i*
私（は）

シェフウ
šfw
罪深いこと

㊵

イリィ *iri*
おこなう、
生きる

セテニィ
（セチェニイ）
stni r i
（stni r i）
利己的に、
自分だけ特別
に

㊶

ウル
wr
増やす、大きく
する

ケレト
ḫrt
財産、所有物、
食糧

ニス・ヘル・
ケト
nis ḥr ḫt
不正に、
いたずらに

イ *i*
私（は）

㊷

サアト
stt
嫌う

イ *i*
私（は）

ネチェル
ntr
神

（エ）ム
m
〜における

ニウト
niwt
町

イ *i*
私の

パネジェム 1 世のパピルス　第 21 王朝、カルナク神殿のアメンの大司祭から王位を主張。
［第 3 中間期第 21 王朝、前 1050 年頃、カイロ・エジプト博物館、CG 40006, S.R. VII 11488］

王権を認められたパネジェムは王の装束であらわされ、名前もカルトゥーシュに書かれています。
左から右に読み進めます。最初は、厨子のなかに腰掛けるオシリス神を礼拝する死者の姿が描か
れています。死者はスイレンのつぼみと聖水の壺を捧げています。オシリスはアテフ冠をかぶり、
王権の標であるヘカとネケクをもち、アヌビス神の呪物の標イミィウトを前に置いています。
続く文書は、死者の書のいくつかの章の抜粋が書き連ねられています。
挿絵の最初は**第 23 章**の「口開きの儀式」についてです。次は**第 72 章**で、墓を開き、そこに飲
食物が絶えないようにする内容です。そして**第 27 章**で心臓が奪われないように（アヌビスと向
き合う死者）、オシリスの裁判の場面をともなった文書は**第 30 章**で、裁判のとき、心臓が不利
な証言をしないようにというものです。3 柱の神の挿絵の**第 71 章**が続き、死者が神々の助けを
得て、日のもとにあらわれるように祈る内容です。
マアトの羽根（右上）、ウジャトの眼（右中）、ネフェルウ（「素晴らしきもの」の意、右下）の文
字で飾られた厨子には、オシリス、太陽神ラー、天の女神ヌゥトのなどの神々の名前があげられ、
死者が、これら神々にとって有用な者と見なされ、彼らと一緒に居られるように祈る内容です。
続いて、**第 110 章**の楽園イアル（アアル野）、最後は**第 125 章**、42 項目の否定告白です。

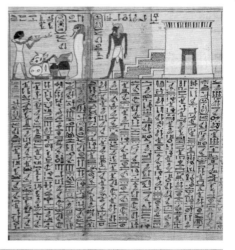

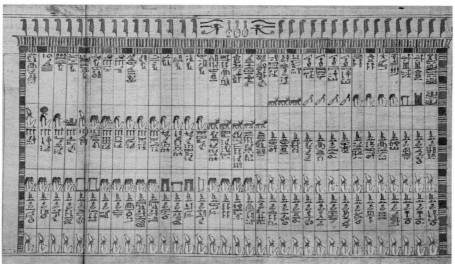

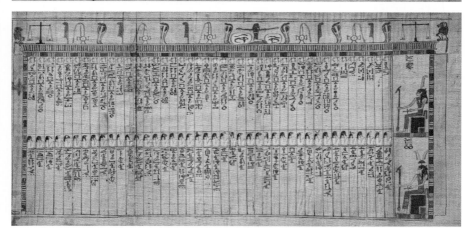

否定告白を納めた厨子では、マアト女神（右上）、マアティ（真実の２都市）の化身が見守っています。上部はマントヒヒ姿のジェフティ（トト）神、天秤、ウラエウス（コブラ）、マアトの羽根、聖なる灯火の装飾の中央には、ウジャトの眼が入った楕円に両手をかざす無名の神がいます。

トゥトアンクアメンのマスク
新王国時代第 18 王朝、前 1320 年頃、カイロ・エジプト博物館［JE 60672］
王墓は、1922 年にルクソールのナイル西岸、王家の谷で、イギリスの考古学者ハワード・カーターによって発見され、1923 年に内部が開かれました。
その後、調査が進み、石棺、黄金の棺などが開かれ、黄金のマスクがあらわれたのは 1925 年 10 月 28 日のことでした。

高さ 54cm、幅 39.3cm、奥行き 49cm で、厚さ 1.5 〜 3mm の厚さがあります。重さは 10.23kg。
ネメス頭巾をかぶり、額にはウァジェト（下エジプトを象徴するコブラ）、ネクベト（上エジプトを象徴するハゲワシ）の頭飾りをつけています。この組み合わせは王妃のものであることから、長くこのマスクが本来は女性の王族のためであると言われてきました。そしてそのとおり、左肩の王名に彫り変えられた痕跡が確認されています。
マスクには色ガラス、ラピスラズリ（眼の周囲と眉）、水晶（両眼）、黒曜石（瞳）、紅玉髄、長石、トルコ石などが使われています。

マスクに刻まれた死者の書 第 151 章
貴方の右眼は（太陽神の）夜の聖船（マアネジェト）、貴方の左眼は昼の聖船（メセケテト）、貴方の眉は九柱神（のそれ）である、貴方の額はアヌビス（のそれ）である、首筋はホルス（のそれ）である、髪の毛の房はプタハ・ソカル（のそれ）である。（貴方は）オシリス＝故人（トゥトアンクアメン）の前にいる。彼は貴方に感謝している。貴方は彼をよき道へ導き、貴方は彼のためにセトの同盟者を討ち、彼が貴方の敵を九柱神の前で駆逐できるように。ヘリオポリスにある王子の偉大な宮殿において……オシリス、上エジプトの王ネブケペルラー［トゥトアンクアメンの即位名］、死者、ラーによって生命を授けられる。

死者を冒涜する者への呪文

多くの副葬品とともに死者が葬られるとき、その場を神聖なものとして、むやみに立ち入ることは忌み嫌われ、ましてやそこから副葬品を盗み出したり、死者の遺体（ミイラ）を傷つけたりするなどは禁忌とされていました。しかし、死者の副葬品を盗む行為は宗教、民族、国にかかわらず、古くからどこでもおこっていました。日本でも土葬の時代には、裕福な家の死者には上等な着物、装身具が納められたものですから、墓荒らしが掘り返していた話はめずらしくありません。

ハプの子、アメンヘテプの葬祭墳墓跡
仕えていたアメンヘテプ3世葬祭殿の後方に設けられていた。

©Google Earth

それは墓を設ける人びとも知っていたことであり、一説に墓場の幽霊話（66ページ）は墓泥棒に恐怖心を抱かせ、思いとどまらせるためのものでもあったようです。古代エジプト時代には、その遺跡から堅牢な墓を築いていた印象のある古代エジプト時代ですが、墓泥棒の被害は当時からあったようで、古王国時代

ハプの子、アメンヘテプ
ルクソール、カルナク神殿の第10塔門東側から発見されたもののひとつ。パピルスの巻物に筆記する書記の姿、肥えた風貌は高位の人物であることをあらわしています。腕や胸には仕えていた王アメンヘテプ3世の王名が刻まれています。同じ場所からは、経験を積んだ高齢の姿であらわされた像も発見されています。
新王国時代第18王朝、前1380年頃、カイロ・エジプト博物館［JE.44861］

の私人墓の壁面や石碑に、墓に入って悪事を働く者に対して、いわゆる罰（バチ）があたるという内容の警告文が書かれることもありました。

新王国時代第18王朝、アメヘテプ3世時代に「ハプの子、アメンヘテプ」という人物がおりました。建築士にして神官、書記などの役職にあった人物で、後世に神格化されました。役人でありながらルクソール西岸には葬祭神殿の建造が許され、そこには念入りにまとめられた警告文を含んだ石碑が置かれていたのです。アメンヘテプ3世の治世30年アケト（増水）季第4月の6日の日付が刻まれています。通常通り、王への讃辞があり、この葬祭墳墓が永久、永遠に残るよう願う文書が書か

警告の石碑
第18王朝のハプの子、アメンヘテプの葬祭墳墓に記されていた碑文を第21王朝のアメン神殿の神官が復刻したもの。つまり、第3中間期に位置づけられているそのときには、死者を冒涜する行為が起こっていたということです。
末期王朝時代第21王朝、前1000年頃、大英博物館、[EA.138]

れ、警告文に移ります。その要旨は、次のようでした。

　私の後に来る者、もし他の者がそこに不法侵入し、彼らに代わって答えない場合、テーベの主人であるアメン神の破壊に苦しむことになるだろう。神は彼らが私のために受けた軍の王付の書記官の職で満足することを許さないであろう。彼（アメン）は、彼の怒りの日に、彼らを燃やすように憤怒する王のもとに送り込む。
　彼のウラエウス（王冠のヘビ）は彼らの頭に火を吐き、彼らの四肢を食べ

悪者の顔に向かって炎を吹きかける聖蛇
「門の書」第9時間目の場面より。西欧のドラゴンにつながる火を吐く怪獣のイメージの最初も古代エジプトにありました。→後編68ページ
新王国時代第19王朝、前1190年頃、タァウセレト王妃墓（ルクソール西岸：王家の谷）[KV14]

尽くし、彼らの肉体をむさぼり食う。

　新年の朝、彼らはアアペプ（アポピス）のようになる。彼らは海に飲み込まれ、海は死体を隠す。彼らは正しき人と同じような葬祭儀式を受けてはならない。彼らは墓に暮らす彼らのための（供えられた）食料を食べてはならない。ナイルの増水による（神聖な）水が彼らのために注がれてはならない。彼らの息子に彼らの地位を継がせてはならない。

　（そんな）彼らの妻は目の前で蹂躙されるであろう。彼らが地上にいる限り、貴人は彼らの家に足を踏み入れてはならない。双方（上下エジプト）の指導者たちは彼らを引き立てたり、喜ばしい時であっても王の言葉を聞いたりしてはならない。

　彼らは破壊の日に剣を持つ側に立ち、敵とよばれるだろう。彼らの身体が消耗しても、彼らはパンがなくて飢え、彼らの身体は死ぬだろう。

神話パピルス（Mythological papyrus）

Mythological papyrus 神話パピルスとよばれる葬祭文書があります。文書に挿絵を組み入れた「死者の書」の形式とは異なるものの、その要素を採り入れた、一続きの呪術的な絵巻物で、第3中間期第21王朝のルクソールで登場しました。

最初は、現在、5例（大英、ルーブル、カイロ、トリノ、ベルリン）が知られている死者の書第30章からはじまるものです。

右端に死者の姿が描かれ、その前に頭にマアト（真理、正義）の羽根をいただいた翼をもつヘビがあります。このヘビは、オシリスの法廷で重要な陪審員と考えられていたようで、ネヘブカァウという名があります。パピルスによってはネヘブカァウがオシリス神のシンボルのひとつであるアテフ冠（118ページ他）を身につけていることもあります。死者はネヘブカァウに向かって、自らの誠実さを証明するために心臓をかざしています。

その次は、真理・秩序をつかさどるマアト女神です。マアトはひざにアンクとパピルスの花をもって、死者の誠実さをあらわしています。そしてベヌウ鳥です。創世神話において、原初の水ヌンからあらわれたベンベン石（ま

メシャアレドゥイセケブのパピルス
ルクソール、カルナク神殿のアメン神につかえた女性詠唱者メシャアレドゥイセケブ（メシャア・
レドゥイ・セケブ）のもの。
第3中間期第21王朝、前1000年頃、エジプト博物館（トリノ）[C.1769]

たは大地タァチェネン）に舞い降りたイメージであらわされます。つまり、
創造神アトゥムとのかかわり、太陽神ラーの誕生、再生、復活の象徴とされ、
ときには頭上に太陽円盤をいただく姿が見られます。ベヌウに続くスカラベ
（フンコロガシ）もまた太陽の運行、再生、復活、変容（生物学的な変態のよ
うすから）の象徴です。そしてミイラ化された肉体で心臓の代用として納め
られたものもスカラベの護符でした。ベヌウとスカラベも、再生、復活の象
徴だということがわかります。

　このパピルスのはじまりで印象的なものが、とくに大きく強調された心臓
で、死者の書第30章bが記されています。生命の鼓動である心臓、無事に
オシリスの裁判を過ぎることができるようにという呪文です。再生、復活の
ために重要視されていたのです。

　心臓の次は、西（アメネト）の象徴が頭部の女性で、ひざまづいて拝む
姿勢をとっています。ケフェト　ヘル　ネブ　（エ）ス「主人を前にする（向

き合う）彼女」と記されています。彼女は「祝祭」を意味するヘブ  の文字の上にひざまづき、腕にはネブ 「すべての」、アンク（生命）、ウアス（権力）、ジェド（安定）の文字をもっています。これらは、オシリスの裁判を経て正当化された死者に与えられるものです。

　西の女神のうしろには、ミイラの内臓を守護する「ホルスの4人の息子」が続きます。イメセティ（人）、ハピ（マントヒヒ）、ドゥアムテフ（ヤマイヌ）、ケベフセヌエフ（ハヤブサ）と並び、それぞれがマアトの羽根をもっています。

　彼らの次は、聖物をかかげる旗竿に座るマントヒヒの姿のジェフティ（トト）神です。永遠の時間、永遠に記録することが続くように、という願いのイメージでしょう。ジェフティのうしろは3柱の冥界の門番です。「死者の書」第145〜146章にあたります。門番の最初は子どもの姿で、手にはナイフ、2匹のヘビをもって、心臓のペンダントを首に掛けています。マアトの台座に座るカバ、背中合わせの二面のベス神が見えます。死者は、これらの門番に出会ったとき、彼らの名前を告げれば通過できたようです。

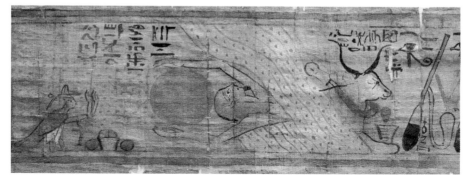

門番の神々の次は、葬儀に関係した西方の塚があります。**第 149、150章**の小丘を簡略化したものと思われます。最初は奥行きのある洞窟があり、なかにはヘビが居ます。灯明の頭部をもった神が座り、ワニと水差しの小丘、パピルスの小舟の小丘、ゲジゲジがすむ洞窟のある小丘と続いています。死者はこれらの小丘を通過して再生への活力を得ると考えられていたようです。小丘の場面の最後はヘカとネケクをそなえた白いヤマイヌがいます。このヤマイヌは、複雑な丘の道で、死者を迷わないように導くと考えられていました。灯明頭の神とヤマイヌは**第 151、152 章**からで、死者の埋葬室を暗示しています。

　終盤は、**第 148 章**の天を支える 4 本の舟のオールです。それぞれ「天において美しきもの」とあります。4 本は東西南北の基本方位をあらわし、南（白冠のコブラ）、北（赤冠）、西（白冠）、東（赤冠）の順で置かれるのが一般的です。4 本そろうことで揺るぎない、完全な状態をあらわしています。オールの間のウジャトの眼 は癒しの効力があると信じられていました。

　最後は西の沙漠から死者を迎えるためにハトホル神があらわれます**第 186 章**の簡略化したものでしょう。そのハトホルの沙漠の山の反対側はすでに東であり、原初の水の神ヌンが太陽を天へと持ち上げています。こうして死者も再生すると考えられていたのです。そのようすを、鳥の姿をした死者の魂バァが礼拝の姿勢で対しています。

　この第 30 章を冒頭においたパピルスでは、下のベルリンの例からもわかるようにほとんど流れが同じで、おそらく派を同じくする神官たちがかかわって作成されたものだったと考えられます。

アメンエムウイアのパピルス
第 3 中間期第 21 王朝、前 1000 年頃、新エジプト博物館（ベルリン）[P.3127]

さまざまな神話パピルス

　神話パピルスでは、オシリス信仰と、太陽神ラーの再生復活を巧みに結び
つけようと思考されたようすがうかがえます。ときには王家の谷の王墓に描

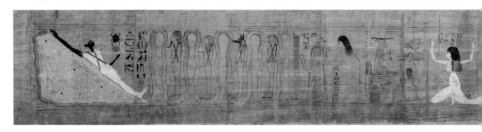

右から左に描かれています。
死者は太陽神の舟を讃える姿勢をとっています。舟は天の文字ペト（右）の上に描かれ、ハヤブ
サ頭の太陽神ラー・ホルアクティが乗り、舳先に立つセト神が航行を邪魔する大蛇アアペプを刺
しています。その舟を4頭のヤマイヌ（ペトの上で）とウラエウスが牽いて東に向かいます。
舳先にはアシを織った保護マットが備えられ、夜明け（再生）が近いことを告げるツバメが留まっ
ています。
その太陽神の舟の航行を守護するウジャトの眼、さらにライオン姿の神が火を吐くヘビをナイフ
で刻んで動きを封じています。このヘビも太陽神の舟の航行を妨害しようとする悪の存在です。
日の出の象徴であるスカラベが太陽円盤のなかにあり、それが沙漠のアケト（地平線）から昇っ
ています。続いて、死者は聖なるヤギに供物を捧げ、称讃、崇拝の姿勢をとっています。
次は、死者がネコ頭の神に導かれ、冥界にある門を通ろうとしています。門をくぐると、そこに
は守護する役目の大蛇がおり、うねった体の間に「ホルスの4人の息子（ケベフセヌエフ、ドゥ
アムテフ、ハピ、イメセティ）」が立っています。
その大蛇の頭部はその先の沙漠の丘（ケプリの丘）の下にまわり込み、再生した姿のオシリス神（後
編4ページに類似）が伸ばす腕のところにあらわれています。オシリスの肌は豊饒をあらわす黒
色をしています。

かれた冥界の書（後編参照）の要素を採用するなどしたものも見られます。
そのいくつかの例を紹介していきます。

ヘルウェベンケトのパピルス　ルクソール、カルナク神殿のアメン神につかえた女性詠唱者。
第 3 中間期第 21 王朝、前 1000 年頃、カイロ・エジプト博物館 ［JE 31986, SR VII 10245］

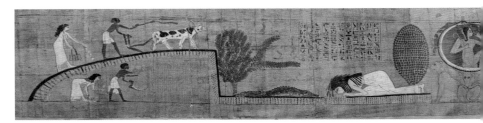

プタハ・ソカル・オシリスと3神が合体した神に死者が供物を捧げます。神の頭部はソカル神の
ハヤブサの姿になっています。神の前には、オシリス神への供物の象徴、アヌビス神の呪物イミィ
ウト（通常は頭を切り落としたウシが多く、詰め物がなされている）があります。
次はジェフティ（トト）神とホルス神がヘス壺を持ち、アンク（生命、右上）とウアス（繁栄、右下）
を注ぎかけています。それに続く文書は「口開きの儀式」（第23章）についてのものです。
そして、太陽の誕生を拝する死者です。西の地平線（昨日）と東の地平線（明日）を向く2頭の
ライオン（大地の神アケル）の背に、昇ったばかりの太陽があります。太陽円盤にはそのことを
あらわすために、上下エジプトの王権を象徴するヘカとネケクを持った幼い王子の姿が描かれて

います。その太陽円盤をウラエウス（コブラ）によるウロボロス、牡ウシ（またはロバ？、レイヨウ？）の頭が守護し、上から天の女神ヌゥトの腕が抱きかかえ、引き上げようとしています。この場を守護するウジャトの眼があり、それを拍手で祝福するヒヒも描かれています。再生復活の願いをあらわしたものです。

冥界の水辺では、聖なるイシェドの樹のもとで休むワニに変身した大地の神ゲフの許しを得て、死者が水を飲み、渇きを癒します。86 ページの第 57 〜 63 章によります。

左端は第 110 章、来世の楽園イアル（アアル）野で農耕に勤しむ死者の姿が描かれています。食物に恵まれ、幸せな生活が永遠に続くようにという願ったのです。

ヘルウェベンケトのパピルス　ルクソール、カルナク神殿のアメン神につかえた女性詠唱者。
[第 3 中間期第 21 王朝、前 1000 年頃、カイロ・エジプト博物館、SR VII 10256]

右から左に描かれています。

死者はオシリス神に崇拝の姿勢をとって、供物を捧げています。アテフ冠をかぶったオシリスの前にはアヌビス神の呪物イミィウトとウアス（支配権、繁栄）の杖が置かれています。オシリスの肌が黒いのは豊饒をあらわしています。背後には擬人化された生命の標アンクが立ち、日除けを持っています。

死者が供物に清めの水を注いでいます。天や大地にある神々への称讃の言葉があり、ヘビが天蓋の形になっているところに「ホルスの4人の息子（イメセティ、ハピ、ドゥアムテフ、ケベフセヌエフ）」があらわされています。そして、死後、太陽神ラーのように再生することを、神々に願う文書が書かれています。

太陽円盤をいただき、真実の羽根（マアト）をもつヘビの神、ナイフをもつコブラの神、ヘビを握っ

右の図は死者の書第149、150章の、死者が通過しなくてはならない丘をあらわしたものです。上から、149章の第7の丘、卵と黄金の標をともなう家は第1の丘、パピルスの巻物の上のヘビは第13番目の丘です。

コブラの装飾がある舟の舵は第148章で、うねったヘビをともなっています。

2つのウジャトの眼の間にある太陽から太陽神の舟に光が降り注いでいます。舟は天にあり、随伴者（シェメス）が描かれています。その下にミイラが横たわり、太陽光線を受けています。これは死者の書第154章の挿絵です。

順風をもたらせてくれる神々を讃える文書とともに、真実の羽根（マアト）、2匹のヘビ、コブラ、ヤマイヌの頭をもった冥界の神、2匹のヘビの間にジェド柱（安定）、ティェト（イシス女神の守護）、そのうしろにイシス女神の称号を連ねた文書が続きます。

4本の舵は第148章の天を四方で支える柱です。第149、150章の丘の標が2匹のコブラの前

たハゲワシの神が旗竿の上にあり、その下には軟膏の入った壺が5つ置かれています。
その先の文書は太陽神ラーのように永遠に再生することを祈る内容で、その間に挿絵がえがかれています。パピルス（下エジプト）とロータス（上エジプト）の象徴の上に、天（ペト）、池？、黄金の標（胸飾りの文字、右上）が描かれています。
次は太陽神の舟です。舟はハヤブサの頭が下に出た天にあり、太陽円盤の代わりにウジャトの眼、随伴者をあらわすシェメスの文字（右中）があらわされています。その下にはヘビ、ワニ、ウジャトの眼があります。続いて、ネフェル（素晴らしい）の文字（右下）をともなった2匹のウラエウス、黄金の標にのったウジャトの眼があります（死者の書第37章を暗示）。
ナイフで動きを封じられた場面は、死者の書第41章の暗示でしょう。

にあらわされています。
最後に、死者が西の沙漠の「主オシリス」と書かれた墓の前にひざまづき、天から下がってきた羽のあるヘビから聖なる眼を受け取っています。
その場面の上には西方の守護神、ハトホルがネケクを背に座っています。死者の前には彼女の名前と町の標（右）があります。

チェネトディウムトのパピルス　ルクソール、カルナク神殿のアメン神につかえた女性詠唱者。
第3中間期第21王朝？、カイロ・エジプト博物館 [JE 35404, SR VII 10234]

死者が白冠をかぶるオシリス神を崇拝し、供物を捧げる死者の場面からはじまります。オシリスのうしろには、イシスとネフティスが立っています。女神たちは両手に生命の標アンクをもち、その前には小さな供物台が置かれています。

11 の神々がそれぞれ、死者を見守る役目についての文書をともなって描かれています。最初はハゲワシの神で「不安の恐怖の主」、次はコブラで「具現の主」、ロバで「怖れの主」、ワニは「供物の主」、ネコは「現実の恐怖の主」、ベヌウ鳥（フェニックス）は「再生の主」、ヘビは「パンの主」、ライオンは「西方の主」、ハヤブサは「表情の主」、マントヒヒと人間の神は「墓の主」です。

後半の場面は上下に分けられ、上段には 2 艘の舟があらわされています。右の舟はメヘン（ヘビ）に守護された羊頭の太陽神が乗る舟です。太陽神のうしろには、ナイフをもった 2 柱の神、随行者の文字シェメスが、前にはジェフティ（トト）、死者、マアトの羽根をいただいたヘビの神が舟の牽き綱（ヘビの尾）をもって立っています。

神々がもつ牽き綱は双頭のヘビの体です。双頭のヘビは白冠と赤冠をかぶっています。うねった体の間には、王が身につける白冠、赤冠、アテフ冠、青冠、頭巾が見られます。

次の舟は輪になったメヘンがスカラベの姿（日の出）がある太陽円盤をのせています。マアト女神が、炎を吐きながら舟を牽くウラエウスに指示を出しています。それらは 7 つの頭と 8 つの星（無数の頭と偉大な星々）に向かっています。その上には太陽神を讃える文書が書かれています。

下段では、二種類のヘビがあらわされています。最初のヘビは 124 ページのように、マアトの羽根をいただいていて、5 体の頭のないミイラとからんでいます。ミイラの頭はヘビの胴からあら

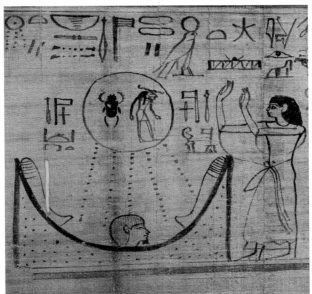

われています。死者はこのヘビに供物を捧げています。

次は白冠をかぶった翼のあるヘビです。3人分の人の脚があり、胴の中央からは人の上半身が出て、ヘビの翼を広げています（後編 34 ページに類似）。ヘビの前ではホルス神が杖を支えにして立ち、そのうしろで死者がひれ伏して拝んでいます。

最後は死者が昼の太陽の姿であるスカラベと夜の太陽の姿の牡ヒツジが入った太陽円盤を拝んでいます。その太陽から、地平線にあらわれた人の頭に光が降り注いでいます。地平線の両端（東西）には、頭のない「塚にあるもの」「冥界にあるもの」というミイラがあります。

上の文書はラー・ホルアクティ神を讃える内容です。

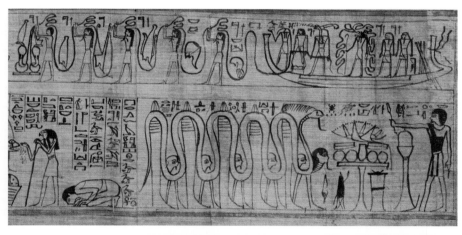

バァクエンムトのパピルス　ルクソール、アメン神の領地の神官。名前の意味は「ムト神のしもべ」。
第 3 中間期第 21 王朝?、カイロ・エジプト博物館 ［JE 95808, SR IV 982］

太陽円盤をいただくウラエウス（コブラ）が守護する祀堂のなかで、オシリス神に供物を捧げる
死者の場面からはじまります。死者はオシリスにネギ（リーキ）を差し出しています。オシリス
は上エジプトの白冠をかぶり、衣装に隠れた手で王権の象徴であるヘカとネケクをもっています。
うしろにはネフティス女神が立ち、その前にアヌビスの呪物の象徴イミィウトがあります。
祀堂のうしろには、アテフ冠をかぶった大蛇がいます。
記録をつかさどるジェフティ（トト）神が死者をオシリスの法廷に導きます。その前にもイミィ
ウトが置かれています。
名が不明の神が法廷の扉を開けています。扉の上方には、真実の羽根（マアト）をいただくヘビ
（124ページ）がおり、神の足元には、オシリスの法廷で不誠実と裁定された死者の心臓をむさぼ
り食うアメミト（ワニとライオン、カバを合体させた怪物）がいます。
上の文章は、扉をつかさどる者の言葉として、なかの主な神々の名前があげられています。
法廷には32柱の陪審員の名前（4番目は塔門とヤギ、17番目はプタハ神）が書かれ、その下に「否
定告白」（死者の書第125章）がなされています。
左側では法廷から二重冠をかぶったアヌビス神が出て、手招きをして死者を導きます。その上に、
パピルスのマットに留まる死者の魂バァ（鳥の姿）、羽のあるウジャトの眼、マアトの羽根がと
もにあります。次の文書は無事に法廷を出て、神々とともに楽園に向かうことを祝う内容です。
次は、「ホルスの4人の息子（イメセティ、ハピ、ドゥアムテフ、ケベフセヌエフ）」と死者、4
人の息子がつかさどるカノプス容器（内臓を収める）が描かれています。
そして死者の書第110章、来世の楽園イアル（アアル）です。水辺にはシカモア・イチジクがあり、

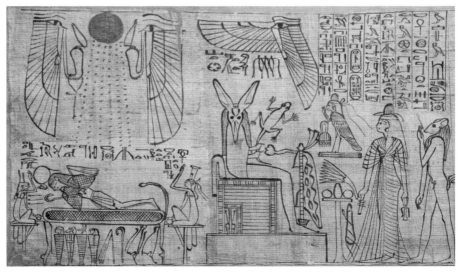

休んでいる人がいます。下段には農耕をして暮らすようすがあらわされています。
文書はオシリス神をはじめとする神々による守護の言葉が並びます。
大きく炎の池（死者の書**第 126 章**）の挿絵が描かれています。
死者が舟を漕いでいるのは**第 110 章**の一部です。舟にはアヌビス神が乗っています。その下は
ツバメに変身したイシスとネフティスが塚に留まっています（**第 86 章**）。ネフティスの塚には
ウラエウス（コブラ）がいます。
その下では、マアトの羽根を両手にもった死者が供物を用意しています。
印象的なのは、正面を向いたロバ頭の神に供物を捧げている場面です。神は手にヤモリをもって
います。この神の前には、イミィウトの標が置かれているので、ユーモアをもってオシリス神を
あらわしているようです。死者は右手にオシリス神のシンボルであるジェド柱、左手にイシスの
結び目（守護）ティティをもち、ネズミ頭の神に導かれています。ロバの神を拝する死者のバァ
（鳥）、「西方の第一人者」とある羽根をもったウジャトの眼も描かれています。
最後はウラエウス（コブラ）と羽根がある 2 つのウジャトの眼の間から太陽光線が降り注いでい
ます。その下で、うつ伏せ姿のオシリスとなった太陽が大地の文字（右上）のベッドから身を起
こそうとしています。「目覚める」復活の姿です。それを頭側にイシス、足のほうにはネフティ
スが旗竿に座り、守護しています。
ベッドの下には、「ホルスの 4 人の息子」によるカノプス容器、王権の象徴であるヘカ（右中）
とネケク（右下）、アテフ冠、白冠が置かれています。

タァシェドコンスのパピルス　コンス神殿につかえた女性神官。
第 3 中間期第 21 王朝?、カイロ・エジプト博物館 ［CG 40016, SR VII 10240］

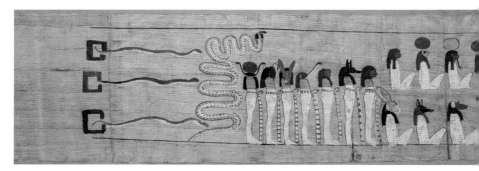

このパピルスには、右端に2行の文書しかありません。
ウシル　ネスィコンス　マアケルウ「オシリス（故）ネスィコンス、声正しき者」。
オシリス・ケンティ・アメンテト「オシリス、西方の第1人者」。
死者の名に「オシリス」とあるのは、彼女が死後、オシリスと一体化したことをあらわしています。
アテフ冠をかぶり、ヘカの杖をもっているオシリスの前で、死者は供物を捧げ、崇拝する姿勢をとっています。死者のうしろには、作物の豊作を願うためのレタス（チシャ菜）があります。
羽を広げたスカラベ姿のケプリ神が乗る太陽神の舟は3匹のヘビに守られて進みます。飛ぶ姿のケプリは太陽神の化身でもありました。舳先には、通常はツバメですが、ここでは太陽円盤をいただいたハヤブサ（太陽の化身）が留まっています。
舟の下の緑色の矩形は水をあらわしており、その下の世界の大蛇は、太陽神の舟の運航を邪魔するアアペプです。

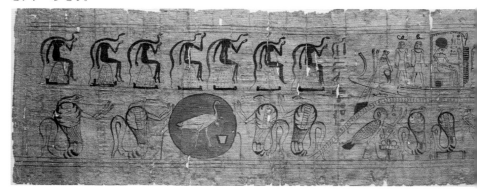

このパピルスは、もとはもっと長かったようです。
太陽神の舟が天のアーチを2頭の白いヤマイヌと2頭の黒いヤマイヌに牽かれて来ます。引き綱はウラエウス（コブラ）の体になっています。
舟では日輪をいただくハヤブサ姿の太陽神が厨子のなかに腰掛けています。手にはヘカと生命の標をもっています。厨子の前には、ヒツジの角とアテフ冠をかぶったジェフティ（トト）、スカラベ頭のケプリ、そして太陽神の眼と思われる神です。うしろにはハァウティ（前）とペフゥティ（後ろ）の神が立っています。舵はウラエウスが担当しています。
舳先はアシのマットで保護され、そこに日の出を告げる赤いツバメが留まっています。舟底の前後には舟を導く魚も描かれています。
舟の下の場面では、左右に2匹ずつ、炎を吐くウラエウスがおり、そのコブラに挟まれているのは、擬人化されたブドウ絞りの道具です。通常は、ブドウの実を詰めた袋の両端をそれぞれ棒に

138

ネスィコンスのパピルス　カルナクのアメン大神殿につかえた女性詠唱者。
第 3 中間期第 21 王朝？、カイロ・エジプト博物館 [JE 36465, SR IV 544]

　舟に続く 3 匹のヘビのうしろは冥界の神々です。上段の神々の人の姿の神の頭上は黄色の太陽円盤、ハヤブサ頭の神の頭上には赤い太陽円盤があります。日中の黄色い太陽と地平線近くの赤い太陽をあらわしているのでしょう。
　下段の神々の前には供物の籠があります。先頭から、灯火、マントヒヒ、ヤマイヌ、ウサギの頭をもっています。
　次は立ち姿の 7 柱の冥界の神々です。最初は人、2 番目ヤマイヌの頭、3 番目ハヤブサの頭、4 番目ヘビの頭、5 番目ロバの正面からの顔、6 番目コブラの頭、7 番目 2 匹のヘビと太陽円盤を持っています。
　最後は、3 匹のヘビが「家」をあらわす文字（右）から出てきています。死者の書**第 149、150** 章をあらわしているようです。

結びつけ、そうしてブドウを搾ります。それがここでは、2 柱のハヤブサ頭の神が両端を持って 3 つの人頭の入った袋をひねっています。まわりの赤い点々は血を表現しているのでしょう。袋の上には 4 つの灯火、袋の下に 2 つの死体が描かれています。
　左側のコブラのうしろには死者の魂バァ（鳥）が崇拝の姿勢で両腕を掲げているをとり、供物を捧げています。冥界での悪を退治するイメージなのでしょう。
　左端では、ヘビ頭の女性の姿になった 7 体の闇が塚に腰掛けています。その下には、太陽円盤と一体化した魂バァが地平線アケト（右）に現れたところです。それを両側から炎を吐くウラエウスが 2 匹ずつ、崇拝の姿勢をとっています。

ジェフティメスのパピルス
ルクソール、カルナクのアメン神殿につかえる神官。
第 3 中間期第 21 王朝、前 1000 年頃、エジプト博物館（トリノ）[C.1781]

索 引 （黒：前編、青：後編）

142

143

[主な参考文献 (前編・後編)]

"The Ancient Egyptian Books of the Afterlife" Erik Hornung, U.K., 1999
"The Egyptian Book of Gates" Erik Hornung, Switzerland, 2014
"The Egyptian Amduat : The Book of the Hidden Chamber" David Warbuton, Switzerland, 2007
"Das Höhlenbuch" Daniel A. Werning, Germany, 2011
"The Ancient Egyptian Books of the Earth" Joshua Aaron Roberson, U.S.A., 2012
"The Cenotaph of Seti I at Abydos" 2 vol., Henri Frankfort, U.K., 1933
"Journey Through the Afterlife : Ancient Egyptian Book of the Dead" Jhon H. Taylor, U.K., 2010
"The Ancient Egyptian Book of the Dead" Raymond O. Faulkner, U.K., 1972
"The Egyptian Book of the Dead" E. A. Wallis Budge, U.S.A., 1967
"The Tomb of Ramesses VI", Egyptian religious texts and representations vol.1, U.S.A., 1954
"The Shrines of Tut-Ankh-Amon", Egyptian religious texts and representations vol.2, U.S.A., 1955
"Mythological papyri", Egyptian religious texts and representations vol.3, U.S.A., 1957
"The Litany of Re", Egyptian religious texts and representations vol.4, U.S.A., 1964
"The pyramid of Unas", Egyptian religious texts and representations vol.5, U.S.A., 1968
"The wandering of the soul", Egyptian religious texts and representations vol.6, U.S.A., 1974
"La Tomba di Kha e Merit" Enrico Ferraris, Italy, 2018
"Egyptian Astronomical Texts" Vol.1 ～ 3, Otto Neugebauer, U.K., 1969
"Pelizaeus-Museums Hildesheim - The Egyptian Collection" Germany, 1996
"Le livre du jour et de la nuit" Alexandre Piankoff, (Le Caire) Egypt, 1942
"The Complete Gods and Goddesses of Ancient Egypt" Richard H. Wilkinson, U.K., 2003

図説 古代エジプト誌
神々と旅する冥界 来世へ
《前編》

2021 年 4 月 14 日　第 1 刷発行

著　者●松本　弥
発行者●株式会社　弥呂久
　　　　代表者　松本惠津子
本　　社●〒 914-0058　福井県敦賀市三島 1 丁目 16-9-6
営業所●〒 162-0801　東京都新宿区山吹町 315
　　　　TEL　03-3268-3536（編集・営業）
　　　　FAX　03-3268-3518
　　　　E-mail : yarokubooks@viola.ocn.ne.jp
ホームページ● http://yarokubooks.jimdo.com
振　替● 00100-0-566038
印　刷●株式会社スマート グラフィックス

古代エジプト王朝表

年代	時代区分	王朝区分	首都	主なファラオ	年代	主な歴史上の事がら
紀元前 3000	初期王朝時代	1	メンフィス	ナルメル アハ ジェル ジェト デン	紀元前 3000 年頃	上エジプト出身のナルメルがエジプト全土を統一 この頃、ヒエログリフの文字体系が確立する この頃、1 年 365 日の暦ができる 「上下エジプト王」の称号が用いられる この頃、ヘリオポリスの太陽信仰がさかんになる
		2		ペルイブセン カアセケム カアセケムイ		この頃、ホルス神派とセト神派の覇権争いがおこる この頃、ホルス神派とセト神派が、ホルス神派が王を継承することで和解する
2650	古王国時代	3		ジェセル セケムケト フニ	2620 年頃	サッカラに階段ピラミッドを造営する 階段ピラミッドを計画するが未完成に終わる メイドゥムに真正ピラミッドを計画、着工する
2610		4		スネフェル クフ カアフラー メンカアウラー シェプセフカフ	2600 年頃 2550 年頃	神王として絶対的な王権が確立する ギザに大ピラミッドを造営する ギザに第 2 ピラミッド、スフィンクスを造営 ギザに第 3 ピラミッドを造営。王権が弱体化 王墓はサッカラにマスタバを造営する
2490		5		ウセルカアフ サアフラー ネフェルイルカアラー ニウセルラー ウナス	2490 年頃 2400 年頃	王の称号に「太陽神ラーの息子」が用いられる アブシールにピラミッドを造営する はじめて「ピラミッド・テキスト」が刻まれる
2310		6		テティ ペピ 1 世 メリィエンラー ペピ 2 世	2300 年頃 2270 年頃	シナイ半島などで積極的に鉱山を開発する 長期政権で、晩年には中央集権国家にかげりがみえるようになる
2180	第一中間期	7/8/9		短い治世の王が数多く続く		
		10	ヘラクレオポリス（下エジプト）		2100 年頃	ヘラクレオポリス（第 10 王朝）とルクソール（第 11 王朝）が共存する
2040	中王国時代	11	ルクソール	メンチュヘテプ 2 世 メンチュヘテプ 3 世	2040 年頃 2000 年頃	第 10 王朝を滅ぼし、全国を統一する 紅海南西部沿岸あたりのプントへ遠征隊を派遣する
1990		12	イティ・タァウイ	アメンエムハト 1 世 センウセレト 1 世 アメンエムハト 2 世 センウセレト 2 世 センウセレト 3 世 アメンエムハト 3 世 アメンエムハト 4 世	1990 年頃 1950 年頃 1850 年頃 1800 年頃 1790 年頃	クーデターによって第 12 王朝をおこす ナイル川第 3 急湍まで遠征する ヌビア、パレスチナに軍事遠征をおこなう ファイユーム干拓事業が終わる 後継者が絶え、中王国時代が終わる
1785	第二中間期	13・14		短い治世の王が約 70 人続く		
1650		15・16	1715 アバリス／ルクソール（下エジプト・上エジプト）	⑮キアン ⑮アペピ	1720 年頃 1700 年頃 1650 年頃	アジアからヒクソスが侵入する ヒクソスが下エジプトを支配し、王朝を起こす ルクソールに第 17 王朝がおこり、ヒクソスに対抗
		17		⑰セケンエンラー 2 世 ⑰カアメス	1580 年頃	セケンエンラー 2 世、カアメスがヒクソスと戦う
1565	新王国時代	18	ルクソール	イアフメス（アハメス） アメンヘテプ 1 世 トトメス 1 世	1565 年頃 1520 年頃	ヒクソスをエジプトから追放。第 18 王朝がはじまる 国内の安定をはかる ユーフラテス川上流にまで軍事遠征をおこなう